人物叢書

新装版

足《あし》利《かが》義《よし》持《もち》

伊藤喜良

日本歴史学会編集

吉川弘文館

征虜大將軍從一位行内大臣
壽像

至人應世金鳳玉
麟非凡非聖含俗
含真華頭悲願金
剛眼卽現勝軍菩
薩身

應永二十一年甲午九月六日
佛日山怡雲叟賛

足利義持像（神護寺藏）

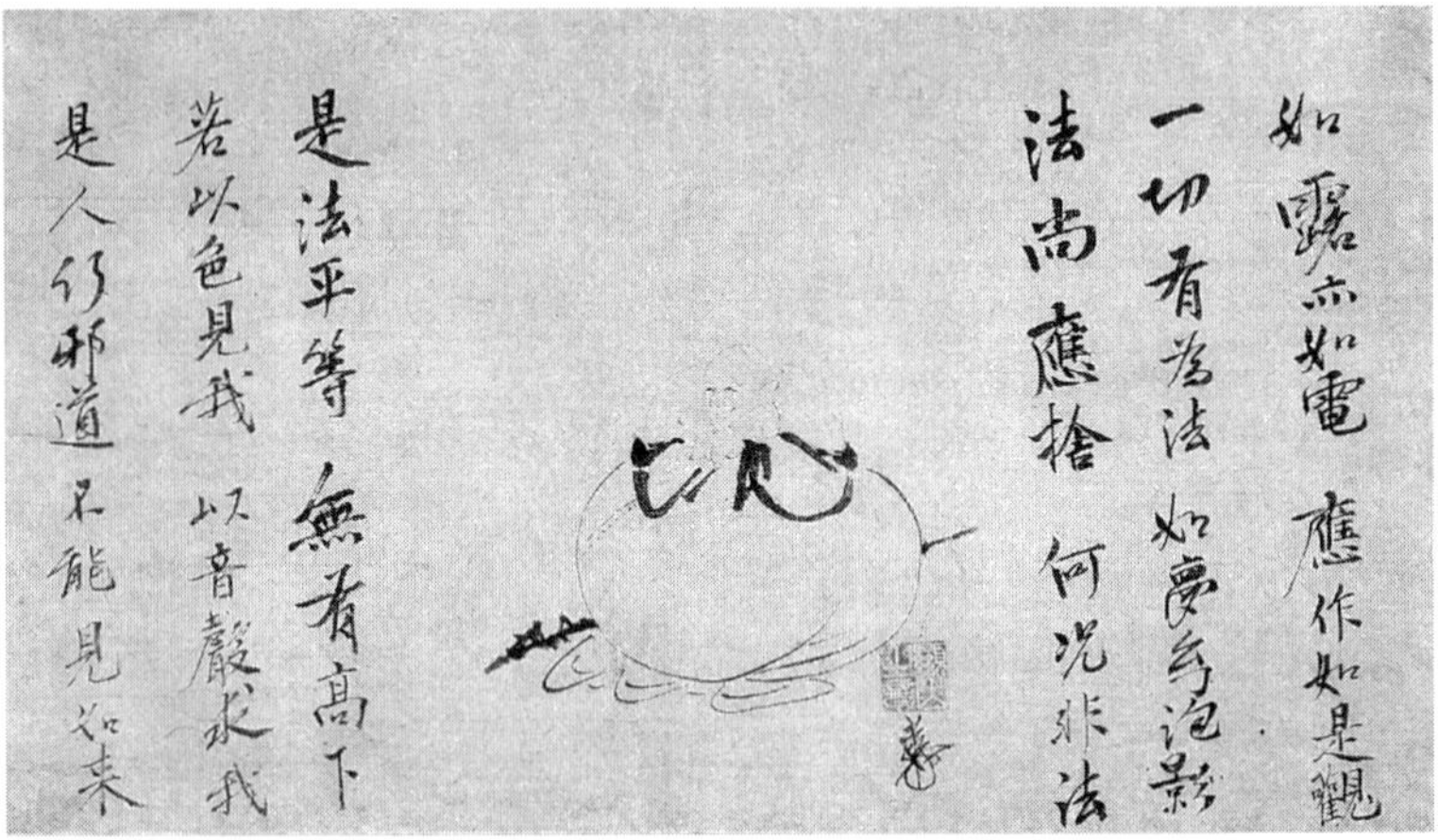

足利義持自筆の「布袋図」(福岡市美術館蔵〈松永コレクション〉)

足利義持は，自ら筆をとって水墨画を描いた．現在，数点の作品が残されているが，いずれも白衣観音・達磨・寒山等の人物画である．ここに掲げたものは，左右に金剛経を配置し，大きな袋に頬づえをした布袋を描いたものであるが，その技量は玄人の域に達しており，禅林の簡潔な美を受け継いでいる（本文211ページ参照）．

はしがき

足利義持という室町幕府第四代将軍は、一般の人々にはなじみの薄い将軍である。そもそも室町幕府というものについても、前後の鎌倉、江戸時代と比較して、国民の関心は低いといっていいだろう。しかしそれでも、父親の三代将軍足利義満《よしみつ》は「天皇位を簒奪《さんだつ》しようとした」とか、「日本国王」になったとか、南北両朝を合体させたとか、金閣寺を創建した人物であるとかいわれていて有名である。また、弟の六代将軍足利義教《よしのり》は、赤松満祐《みつすけ》によって殺害された嘉吉《かきつ》の乱で名を知られており、不名誉な将軍であるがそれなりに興味を持たれているのである。

義持はどうかといえば、現代の人々からみれば、姿や顔のあまり見えない人物で、義持が行なった政治等についてはほとんど知られていない。義持が足利家の家督であった期間はほぼ二十年間（応永《おうえい》十五〜三十五年）である。この間の出来事として知られているのは上杉禅秀《ぜんしゅう》の乱（応永二十三年）であるが、その乱も東国で起こったものであり、幕府に大きな影響を与えるものではなく、歴史の評価としては高いものではない。

だが義持がまったく知られていないというわけでもない。それは彼の臨終の間際における次期将軍決定の際に、彼がいった「自分の後継者はいない、たとえいて自分が指名しても、重臣たちが従わなければ政治が混乱する」という言辞と、その後にくじで次期将軍を決定した状況によって、一般の人々にわずかに名前を知られているのである。いわゆる「くじ引き将軍義教」誕生のお膳立てをした将軍であるとして、歴史上に名前を残しているといえる。

さて、本書執筆にあたって、有名な義満と義教の間にあって、あまり名の知られていない義持を「人物叢書」で取り上げるのはどうかと疑問も感じた。しかし、一般的に知られていないからこそ、彼の人物評価や政治の評価等を考えて、世に問うてみたいと思うのである。室町幕府や室町期の国家をみるとき、義満時代や義満をもっとも典型的な時代や人物とみなし、彼の行なった政治や、彼が構築した権力形態を、この時代の典型的なものとみなしているのが一般的な見方である。このような見解に対して、本書ではやや懐疑的な叙述をしているのが特徴である。

義持が足利家の家督を継いだときの課題は多かった。前権力から何を引き継ぎ、何を引き継がなかったのか、また朝廷等に対する対応はどうであったのか、東国問題はどのようになったのか、重臣との関係はどのようなものであったのか、対外関係の推移はどうなったのか、等々のさまざまな問題を叙述しなければならなかった。応永年代（一三九四～一四二八）の後半という「平穏」な時代において、国家最高の権力者であった義持がさまざまな課題に対してどのように対処したのか、義満と義持を対比させながら検討した結果、義満時代を室町期の典型とすることにやや懐疑的になったということである。

幸いにも近年義持にたいする研究がすこしずつ深まってきており、本論中でも述べるが、ことに若手の研究者が意欲的な研究を次々に発表されている。今後室町期の研究も一段の飛躍があるものと確信している。

私が義持に関する論文を初めて書いたのは大学院博士課程のころのことであった。一九七三年に恩師の豊田武先生が東北大学を御退官された。そのときに退官記念の雑誌（『国史談話会雑誌』豊田・石井両先生退官記念号）に「義持政権をめぐって」という小論文を書かせていただいた。私は大学院修士課程のころには東国に興味を持ち、「鎌倉府の成立や展開」について修士論文を書き、その延長として博士課程において室町幕府に関わる研究を続けており、特に朝廷と室町幕府との政治的・権力的関係に興味を持ち、「武家執奏《しっそう》」・「伝奏《てんそう》」などという研究に没頭していた。このような時期であったので、上杉禅秀の乱にも特別な興味を抱いており、ことに禅秀の乱と京都政界内部の暗闘を分析しようとしていた。義持や禅秀の乱に関する研究は、戦前の渡辺世祐『関東中心足利時代之研究』の他にはほとんど存在していなかったし、このころの研究者は義持などという人物にまったく関心を示していなかったので、こんなことをやっていていいのかなという思いにとらわれたこともあった。

一般的には鎌倉府や室町幕府・朝廷等に強い関心を持っていたが、私が「義持政権をめぐって」を執筆する直接的な動機となったのは、佐藤進一氏の論文「足利義教嗣立期の幕府政治」(『法政史学』二〇号)を読んだことにあった。その時に自分もこのような政治史を書いてみたいと強く思ったのである。そこで、禅秀の乱時における京都政界の政治史を書いたのである。しかし出来上がったものは遠く足許にも及ばないものであり、現在読み返してみると汗顔のいたりであり、恥ずかしい代物であるが、私の室町幕府研究の一端をなすものといえる存在で、そのころの問題意識が詰まっている。

その後、研究の興味が他に移ったことにより、義持については数十年間手を付けないできたが、再度南北朝期から室町期にかけて興味を持つようになってきたところ、多くの研究者が義持を研究対象としていることを知った。そこで発表されている論文に刺激されて、数十年間店ざらしにしてきた義持について考えてみようと思った次第である。

二〇〇八年四月二〇日

伊藤喜良

目次

口　絵

挿　図

挿　表

第一　北山時代の義持

一　誕生のころ

義持の誕生

足利義持は至徳《しとく》三年（一三八六）二月十二日に、足利義満の嫡子として誕生した。これ以前の永徳《えいとく》元年（一三八一）正月に加賀局が男子（尊満《そんまん》）を生んでいた。また、同局は至徳二年三月にも義満の男子をもうけていたが、翌々年死去したという（臼井信義『足利義満』）。義持の母は藤原慶子《けいこ》である。慶子は三宝院《さんぼういん》の坊官安芸法眼《あきほうげん》の女で義満の侍女であったという。義満の側室となり、義持以外にも、応永《おうえい》元年（一三九四）に義教《よしのり》、同四年（一三九七）に入江《いりえ》殿聖仙《どのせいせん》を産んでいる。

義満の治世

義持が生まれたころには南北朝動乱もほぼ終息しつつあり、幕府も安定的な方向に向かっていた。父義満は室町幕府の三代将軍として、全国統治の基礎を固めており、公家としても昇進を重ね、永徳二年（一三八二）左大臣に任じられ、翌年には准三宮《じゅさんぐう》の宣下《せんげ》を受けており、公武の全権をほぼ掌握していた。しかし、明徳《めいとく》二年（一三九一）、義持が五歳のとき、山陰の雄である山名一族が反旗を翻して洛中に攻め込んで来たが、激戦の末にこれを退けている。

南北朝合体

また、山名氏が義満に反抗したときに、山名氏が南朝の勅命を奉じたとされているように、不安定要因の一つであった南朝にたいして室町幕府は従来よりさまざまな工作を行なってきたが、明徳三年（一三九二）閏十月に南帝の後亀山《ごかめやま》天皇が洛中に入り、両朝合一は譲国の儀式によること、両統迭立《てつりつ》のこと、諸国国衙《こくが》領は大覚寺統の計らいとすることの三条件により両朝が合体した。この後、さまざまな局面において南朝問題が顔を出すのであるが、義満時代は両朝合体により政治的に一定の安定をみたのであった。

二　征夷大将軍につく

将軍就任

義満は南朝問題を処理した二年後、応永元年（一三九四）十二月十七日に征夷大将軍を辞退して義持にその職を譲った。義満三十七歳、義持九歳であった。これ以前の明徳四年（一三九三）十月二十一日に、義持は初めて「射鳥《いとり》の儀」を行ない、同年十一月二日には鳥獣を射る祝いである「矢開《やびらき》」が行なわれている。そして同年十月二十八日には、庶兄尊満が出家しており、将軍へのレールが敷かれたのであった。

元服

この日に義持は元服して、正五位下に叙され、左近衛中将となり、征夷大将軍の宣下を受けた。元服奉行は万里小路《までのこうじ》嗣房《つぐふさ》がつとめ、理髪は日野重光《しげみつ》、加冠《かかん》は父義満が行なった。将軍宣下の上卿《しょうけい》は日野資教《すけのり》、奉行は油小路《あぶらのこうじ》隆信《たかのぶ》であった。義持の位について朝廷は最初、義満が九歳のおりに受けた従五位下の先例にならい、これに叙すつもりであったが、義満は満足しなかったので公卿《くぎょう》はもう一度詮議しなおして正五位下に任じたのであった。「将軍家の権威によりて、禁裏のひようき（評議）まけて、かくの如くになむありける、今義持の叙爵摂家に准し侍り」（「春の夜の夢」）との記載もあり、義満の威光・権威が強大であることにより、朝廷は先例を曲げて、摂関家に準ずる位を与えたという。

摂家に準ず

足利義満像（鹿苑寺旧蔵）

官職の急上昇

これ以後義持の官職は急カーブで上昇していく。次の年の応永二年（一三九五）六月三日、従四位下となり、翌三年四月二十日に正四位下に叙されたが、この時にも義満は従三位を要望したのであった。同九月十二日に十一歳で参議、同四年正月五日従三位に叙されたが、この時も正三位を望んでいる。さらに三月二十九日権中納言に任じられる。同五年正月五日に正三位、同七年正月五日に従二位となり、応永八年三月二十四日にわずか十六歳で権大納言となり、同九年正月六日に正二位、十一月十九日従一位となり、応永十三年（一四〇六）八月十七日に右大将を兼務している。わずか十六歳の少年が権大納言まで昇進しえたのは、公武の権力を掌握していた父義満の強い意向によったものであることはいうまでもない。

応永七年の評定始

　義持は征夷大将軍に補任《ぶにん》され、父の権威によって破格の昇進をとげたのであるが、実権はまったくなかった。将軍となった義持は応永三年十月十六日に「読書始《どくしょはじめ》」を行なっているが、将軍として公式の活動を始めたのは応永七年（一四〇〇）になってからであった。この年の正月十一日、幕府評定始《ひょうじょうはじめ》が行なわれたが、そこに出席したのは、管領《かんれい》畠山基国《はたけやまもとくに》、問注所長康《もんちゅうじょながやす》、波多野通郷《はたのみちさと》、飯尾常健《いのおつねたけ》以下であったが、『御評定著座次第』によれば、「同（応永）七年正月十一日、今年より当将軍（足利義持）御著座」とあり、この年より義持が参加していることが知られる。

　応永六年以前にも評定始が開かれ、「御座」なる記載があるが、この「御座」は義満のことであり、将軍職を義持に譲ったといっても、幕府の支柱であったことは変わりなく、七年の義持の評定始への「御著座」も形式的なものでしかなかった。この同じ日に義満は「入道准三宮前太政大臣」の肩書きで、今川泰範《やすのり》を国務ならびに守護職に補任していることはその証左である。また同年十二月十九日には管領畠山基国以下が参加して義持の「御判始《ごはんはじめ》」がなされている。

御判始

御前沙汰始

　幕府の室町殿における「評定始」は形式的なものであったが、実質的な「評定始」は北山殿で行なわれていた。『吉田家日次記《ひなみき》』応永八年二月十七日条によれば「今日北山殿において御前沙汰を始め行なわる、准后太政大臣入道殿御出座、参仕の人々管領右衛門佐入道徳元《とくげん》（畠山基国）、土岐美濃《ときみの》入道常保《じょうほう》（頼益《よります》）、問注所行部少輔《ぎょうぶのしょう》長康（以下略）」と、義満の出席のもと北山殿において「御前沙汰始」が開かれていることが知られる。そこに参仕する人々は室町殿で開かれる幕府評定始と同じ人物が多かった。

北山殿

足利義持花押

　これ以前の正月十七日には、幕府の「弓始」とは別に「弓始」を行なっている。北山殿は応永五年（一三九八）にはほぼ完成しており、義満は六年春ころから北山殿に常住するようになっていた（臼井『足利義満』）。権力は確実に北山殿に存在していたのである。十代半ばの将軍であったならば当然のことであろう。

義満が死去して足利家の家督を継承して以後、義持は守護等の邸宅に渡御《とぎょ》（御成《おなり》ともいう、第二章で触れる）をしばしば行なうのであるが、応永九年正月二日、同十年正月十日に管領畠山基国邸に渡御している（『吉田家日次記』）。またこのころから寺社への参詣もみられるようになる。

三　父義満の「愛」と母の死

義満の子義持にたいする対応はどのように考えるべきであろうか。晩年の義満は三千院（梶井門跡《かじいもんぜき》）に入室していた義嗣《よしつぐ》を寵愛して、義持には冷淡であったようにいわれている。確かに義満の義嗣にたいする偏愛と義持にたいする態度には、若干の相違があることは事実である。しかし上述したように、義持の官職等の補任をめぐって義満のとった対応は、必ずしも冷淡というものではなかった。応永元年（一三九四）に義持が元服して征夷大将軍となり、正五位下に叙されたときにみせた対応をみれば、義持を慮ってのように思われる。それ以後も朝廷側の示す官位に不満を示し、「子煩悩」的ともみられるような行動をとったことはすでに述べた。

義持の利用価値

だが、このような「上階を望む」義満の意向は義持を寵愛していたからだけであろうか、必ずしもそうとばかりは言い切れない。義持が正五位下に叙任されるということは、摂関家の例にならい、摂関家に準ずるということであり、義満の権威に深く関わっていたのである。すなわち、義満は義持の叙爵をもって、公家等に摂関家と同列にみなさせようとしたといえる。義持が大納言となった後、父子そろって参内することもあったが、次第に義満と義持の関係が疎遠になっていくのは、義満に摂関家を超えたという自負が生じたからではなかろうか、義持を自らの権威付けのためにする利用価値が低下したからではないかとも推測される。

義嗣偏愛の理由

義嗣の場合はどうであろうか、義満は義嗣を偏愛していたから、後小松《ごこまつ》天皇の北山殿行幸《ぎょうこう》のおりにきわめて異例なことを行なったのであるというのが一般的な見解である。

異例の待遇

事実そのような理由があてはまろう。応永十五年（一四〇八）三月十日、義満は後小松天皇を北山邸に迎えたのであるが、東の端を天皇の座として、その御前に円座《まろざ》を敷いて公卿の座としたのであるが、その中に義嗣の座を設け、御膳のおりに、最初に天皇から盃を

後小松天皇像（雲竜院蔵）

賜ったのである。そして飲み終わった後に天皇に向かって舞踏したという。この間、関白以下の公卿は立上がり蹲踞したという。元服前の童にたいして行なった行為としては、まったく異例のことであった。二十日間にわたる北山邸への行幸の間、義嗣は足利家の嫡流にならって左馬頭に任じ、正五位下に叙され、さらに天皇の還幸のおりには、従四位下、三月二十九日には、左近衛中将となり、四月二十五日には、童姿で参内して元服し、参議に任じて従三位に叙された。これらのことは未曾有のことであった。このような義満の行ないは、義満が王権簒奪《さんだつ》のために彼の登用をはかったとの説も存在している。

だが、義嗣の場合も義持をつかって権威の高揚をはかったことと同様な点があった。応永十五年二月二十七日、義嗣は義満と同車して参内し童殿上《わらわでんじょう》をとげたのは摂関家の例にならったものであった。そして摂関家的な権威付けからさらに一段進めて、上皇的な権威付けを求めたものともいえる。北山殿行幸のときに義嗣へ異例の待遇が行なわれ、その後の内裏での元服は「親王御元服の准拠なる由、聞えし」（『椿葉記《ちんようき》』）と、親王元服に準拠したものであった。すなわち、義満はここでも「後小松天皇の准父《じゅんぷ》（国父《こくふ》）」（妻康《やす》子《こ》が国母《こくも》になっていたことによる）たることの権威付けに、義嗣の元服を利用しているのである。この段階では、成人となった義持は、義満からみれば権威付けのための利用価値がなかったのである。だから北山殿行幸では義持に重大な任を与えなかったともいえる。

親王元服に准ず

母の死

応永六年（一三九九）五月八日、義持とともに室町邸にいた母藤原慶子が死没している。四十二歳であった。贈従一位、勝鬘院《しょうまんいん》と号する。『迎陽記《ごうようき》』によれば、「五月八日、戊《つちのえ》寅《とら》、晴（中略）今夕大樹（義持）御母儀北向御事あり、去年より羸劣《めいれつ》（弱り衰える）御悩みと云々、御年四十二也」とあり、次の日の記事には義満が八条寺に参り、そのついでに赤松伊豆入道邸にいたり「大飲」したという。そして筆者（東坊城秀長）はいう、「彼御事御悲嘆なきか」と。義満は慶子が死去した翌日に家臣の邸宅で大酒を飲んで、悲しみの態度をみせなかったという。

義満の態度

義持はもちろん忌中として等持寺《とうじじ》に籠居した。さらに『迎陽記』の六月二十五日条によれば、二十三日に「中陰《ちゅういん》」が終り、義持が室町邸に帰ったのであるが、この日北山殿においては酒宴がなされ、さまざまな「課物」が出され、くじも行なわれたという。『迎陽記』は「希代の事也」と認めているのである。多感な時期にいたった義持の心情はいかなるものであったであろうか。義満は後の応永十三年七月七日に、等持院に美濃国座倉《ざくら》郷を寄進して、勝鬘院の菩提料所《ぼだいりようしょ》としている。

日野業子の死

応永十二年（一四〇五）七月十一日、日野業子《なりこ》が没した。五十五歳（五十四歳ともいわれている）であった。業子は義満の正妻で「御台《みだい》」と呼ばれていた。義満が北山殿に居を移してからは室町殿で義持とともに暮らしていた。義持にとっては「養母」といってもよい存在であった。『兼宣公記《かねのぶこうき》』によれば、業子は七月八日に重体におちいり、義満の許しをえて、九日に出家した。十日には危篤となり、義満はこの日も室町殿に「渡御」して業子を見舞い、義持とも対面している。そして十一日にとうとう閉眼したのであった。ここに義持は母ともたのむ女性を亡くしたのであった。業子の号は定心院《ていしんいん》といい、従一位を贈られた。

右近衛大将拝賀

義持と義満の父子関係は義嗣と義満ほどには濃密ではなかった。しかし、応永十四年（一四〇七）七月十九日、義持は右近衛大将として拝賀のために参内して、後小松天皇の前で拝舞を行なっている。この拝賀の儀式には武家では管領斯波義教《しばよしのり》が扈従《こじゅう》した。公家は大納言西園寺《さいおんじ》実永《さねなが》、日野重光、三条公宣《きんのぶ》、花山院《かざんいん》忠定《ただ さだ》、日野町資藤《すけふじ》以下が参列している。このとき義満も一条室町に桟敷を造り、そこで見物している（「勝定院殿大将御拝賀記《しょうじょういんどのたいしょうごはいがき》」）。

義量の誕生

翌二十日には、諸卿は北山殿の義満に参賀しているが、この四日後に義持の子義量《よしかず》が産まれている。同年十月十日、義持は参内したのであるが、退出しようとしたときに義満が参内して来たため、義持とともに「天皇の仰せ」により酒宴を行なっている（『教言卿記《のりとききょうき》』）。また同年十二月二十七日にも義持、義満ともに参内し一献となった。義持の車には日野重光が同車していた。

後小松天皇が北山殿に行幸したおりの、元服前の童形である義嗣への前代未聞の対応と比較すれば、義満の義持への対応は冷淡のようにみられる。しかし上述のような事実

義満の譴責

からすれば、義満は義持にたいしてそれなりの配慮をしているといえる。ただ『教言卿記』応永十三年三月二十八日条によれば、義持は義満から譴責《けんせき》を受けあわてふためいて日野重光邸に駆け込み、取り成しを頼んだとの噂が流れていたことも事実である。

応永十五年三月二十四日、義嗣が正五位下に叙され、左馬頭に任じられたとき、義持も太刀一振を献じているが（『教言卿記』）、義持の心情はどのようなものであったであろうか。

第二　家督相続

一　義満の死去と家督をめぐって

義満の病

応永《おうえい》十五年（一四〇八）四月二十八日、山科教言《やましなのりとき》は北山殿に参り、義満に面会を求めたが、前日からの咳気ということで、対面することはできなかった。病気はそれほど重いようにもみえなかったが、義満の病を聞きつけて、公武の多くの人々が北山殿に推参し、見舞いを述べようとしたが、教言と同様に面会できなかった。

五月一日になると、義満の病は重篤となったようである。義持は容態を問う使者として山科教冬《のりふゆ》を北山殿に遣わした。そして陰陽頭《おんみようのかみ》の賀茂在弘《かものありひろ》をして泰山府君祭《たいざんふくんさい》を行なわしめ、さらに東寺をして五壇護摩を修せしめた。また山門・寺門をはじめとする諸寺・諸社でも祈禱が行なわれたものと考えられる。

義満の死

三日には、天皇の命により、石清水《いわしみず》八幡宮に神楽《かぐら》を奉納して、義満の病気の回復を祈ったり、またその夜から北山殿でも神楽を行なったりした。四日になると、昼ごろに危篤状態となり、一旦は事切れたと思われたが、夕方に息を吹き返した。五日は小康状態を保ったのであるが、翌六日に再度危篤に陥り、同日の夕方に死亡した。享年五十一歳であった。服部敏良氏は義満の死因を、流行の風邪にかかり、それが悪化して急性肺炎のような症状で死去したのであろうと推定されている（『室町安土桃山時代医学史の研究』）。

等持院移送

遺骸を等持院《とうじいん》に移したのであるが、その経過について、「鹿苑院殿薨葬記《ろくおんいんどのこうそうき》」（醍醐寺《だいごじ》所蔵）によれば、「応永十五年戊子五月六日、酉刻薨す、御歳五十一、同夜ひそかに北御所御賀《おが》□（丸か）屋と云々より、等持院に盗みいだし奉《たてまつ》る。その儀密々なり、御張輿は座主《ざす》（満済《まんさい》）よりこれを進めらる。御平日乗り用いらるる所なり」と、義満近習御賀丸邸に安置されていた義満の遺体は、醍醐寺の三宝院《さんぽういん》満済が日常使用している張輿に乗せられて密かに運び出され、等持院に移されたのである。そして諸大名がそれに従ったとされている。

葬儀

十日に侍所《さむらいどころ》赤松義則《よしのり》の兵が警護する中、等持院において荼毘《だび》にふされ、義持、義嗣《よしつぐ》や北山院（日野康子《やすこ》）等が浄衣で参列し、等持院の院主万宗中淵が喪主となり、義持、義嗣ならびに管領《かんれい》斯波《しば》義教《よしのり》（義重）、日野重光《しげみつ》らはひきずなを取った。また広橋兼宣《ひろはしかねのぶ》をはじめとする多くの公卿《くぎょう》等も参仕し、斯波義教以下の武将等とともに、衆僧三千人が義満を見送った。等持院仏殿の龕《がん》（棺《ひつぎ》）の前の位牌には、「新捐館《しんえんかん》鹿苑院《ろくおんいん》殿准三宮大相国天山大禅門台霊」と記されていた。その後、義持、義嗣らは等持院に籠って、七日ごとの仏事を続けたのであった。

義満が残した課題

明から「日本国王」に封じられた足利義満の死後に残された課題は多かった。まず、足利家の家督は誰が継承するかということを早急に処理しなければならなかった。征夷大将軍の地位はすでに述べたように義持が継いでいたが、義満が生きている間は、実質上義満がこの権限を牛耳っていたことは公知の事実であり、義持は形式的に将軍に補任されているにすぎなかった。

家督継承問題

このような将軍義持にたいして、家督継承の強力なライバルとして弟の義嗣が存在していた。彼は義満の寵愛をえて、後小松《ごこまつ》天皇の北山殿への行幸のおり、元服以前にもかかわらず、異例の待遇を受け、さらには親王元服に擬して内裏で元服を行なうというように、足利家家督相続者の有力候補として急速に台頭していたのであった。両者がいずれ壮絶な権力闘争にいたるのは必至であった。

家督相続の行方

足利家の家督相続について『椿葉記《ちんようき》』は「准后《じゅごう》の若公、（中略）其四月に内裏にて元服して義嗣と名のらる。親王御元服の准拠なるよしきこえし、御兄をもおしのけぬへく、

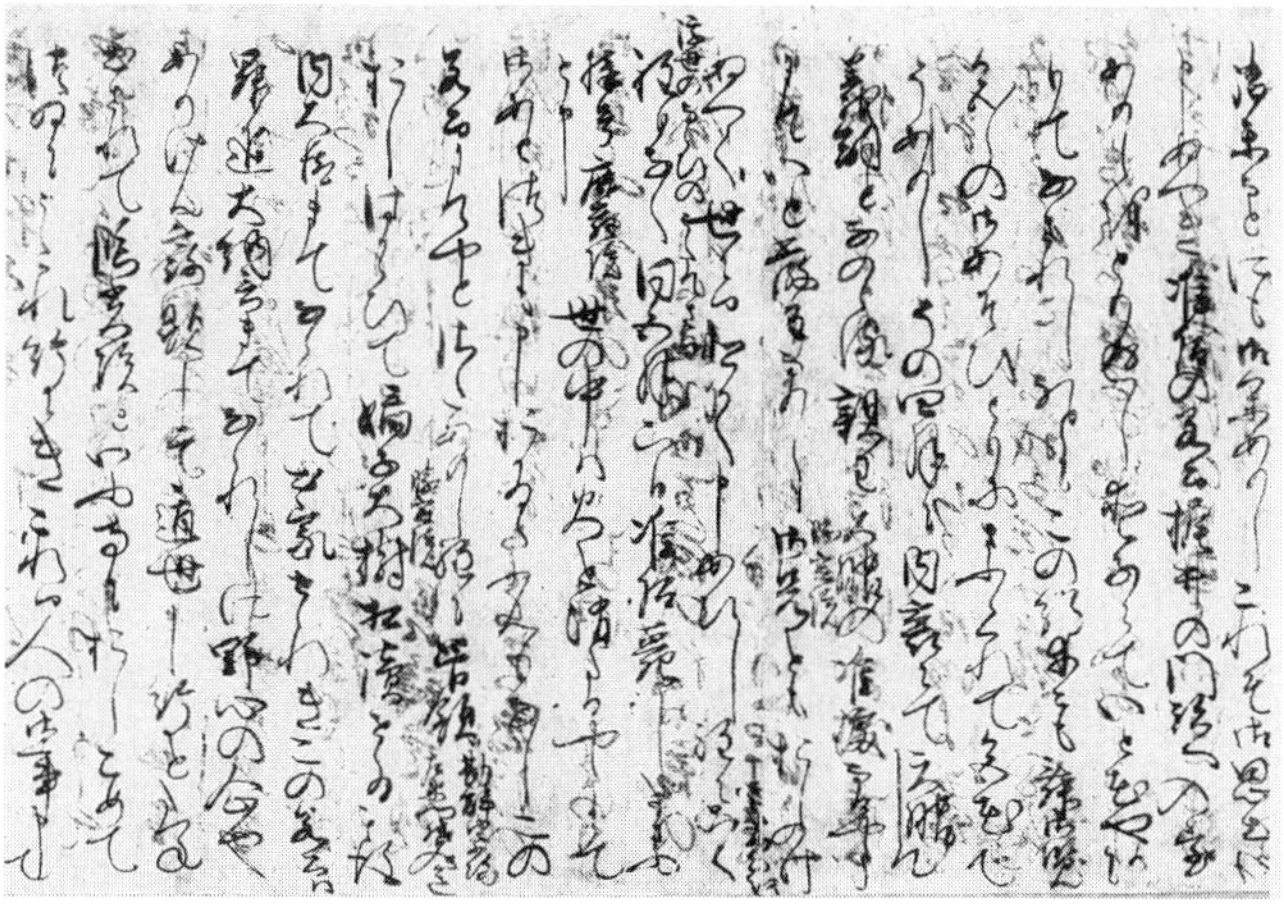

『椿葉記』（宮内庁書陵部蔵）

世にはとかく申あひし程に、さためなき浮世のならひのうたてさは、いく程なく同五月六日准后薨し給ふ、鹿苑院《ろくおんいん》と申、世中は火を消たるやうにて、御跡つきも申をかる、旨もなし、此若公にてやとさたありし程に、管領勘解由小路《かげゆこうじ》左衛門督入道（斯波義将）おしはからひ申て、嫡子大樹（義持）相続せらる」と記している。ここにみられるように、義満の義嗣への寵愛がきわめて深かったことにより、世間の人々は、義嗣が兄である将軍義持を押し退けて、義満の後継者になるであろうと噂していたというのである。しかし、義満の死は突然であった。義嗣の元服二日後に病に倒れ、そして数日で危篤に陥るのである。後継者を遺言する時

義持に決定

間はなかったといえる。世間では義嗣とみなしていた足利家の家督は、斯波義将《よしまさ（よしゆき）》（管領斯波義教の父）の主張によって義持に決定したと『椿葉記』は記している。

贈号・贈官問題

義満の死は朝廷側にも大きな衝撃を与えた。南北朝の合体を推し進めて北朝による皇統の継続をなし、廷臣・僧侶の叙任権や祭祀等に深く関わり、皇位さえ干渉するようになった義満は、廷臣を自らの権力機構の一端に配置し、僧侶等の祈禱も政治的に利用して、「日本国王」（冊封《さくほう》関係により、明帝国が位置付けた）として君臨していたことから、朝廷としては、当然のこととして義満への贈号・贈官が問題となった。

このことについて『東寺執行日記《とうじしぎょうにっき》』は次のように記している。

応永十五年五月六日、北山殿（義満）御事、御年五十一、宰相尊氏《たかうじ》御子贈右大将義《よし》明《あきら》〔詮〕御子なり、後号鹿薗院殿、御道号道義《どうぎ》、同八日、贈太上法皇《だいじょうほうおう》号給わるべきの由、宣下《せんげ》ありといえども、昔より此の例これ無きにより、勘解由小路禅門申し留むと云々、御譲等事これ無しといえども、御嫡子たるにより右大将義茂持改、御跡目を続ぐ、応永十六年二月日右大将義持内大臣に宣下せらる。

また『尊卑分脈《そんぴぶんみゃく》』にも、以下のような記載がある。

同（応永）十五五六薨、北山において卒す、五十一才、同九日贈太上天皇尊号をた

てまつらる、ただし本家より固辞申さると云々、

尊号宣下

これらの史料によれば、朝廷においては、義満の生前の最高をきわめた官位や、妻康子の国母たる地位等を勘案して太上法皇（太上天皇）の尊号を贈ろうとしたものと思われる。尊号が宣下されたのは、八日、九日の違いはあるが、贈ろうと思ったことは事実であろう。この太上法皇の尊号宣下については、『教言卿記《のりとききょうき》』六月五日条の記事に、天皇家以外の人間が尊号を受けることについて、大外記《だいげき》中原師胤《もろたね》の否定的認識が記載されていることにより、疑問視する見解も存在している。だが、相国寺《しょうこくじ》過去帳に「鹿苑院太上天皇」とあることや臨川寺《りんせんじ》の義満位牌に「鹿苑院太上法皇」とあることなどから、尊号宣下に関わる何らかの行為があったとみなすのが自然である。

尊号宣下の辞退

しかし、尊号宣下は幕府側から拒否された。辞退を強く主張したのは斯波義将であったが、将軍義持もまったく同様の意向であったであろう。義満が死去した後の政治的主導権を握ったのは斯波義将であった。将軍義持をすぐさま足利家の家督相続者にし、彼を押し立てて、「国王」義満の死去を乗り越えていった。

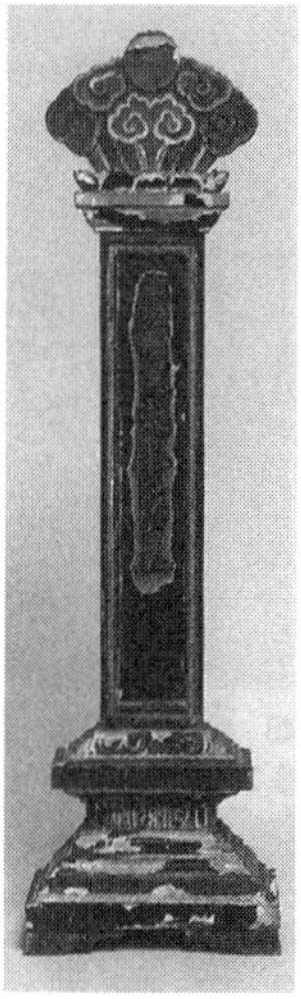
足利義満位牌

葬式までの経過を『教言卿記』等で追ってみよう。

七日に、山科教言は義持のもとに弔問に訪れている。また八日に、等持院に詣で焼香して、管領斯波義教に参会しており、十日には、義持は御所、義嗣は新御所として葬儀を行なっている。義満の死により奈良興福寺一乗院良兼《りょうけん》が八日に上洛して、室町殿に弔問し、翌九日には、日野重光邸、北山殿に参り、斯波義将・義教邸に使者を発しているのである。このように寺社の門跡や公家等の足利家当主への弔問が続いたものと思われる。そしてこの「激動」の中、義持・義将等は尊号宣下を辞退しているのである。義満死後の経過をみると、幕府側は斯波義将が主導して電光石火のごとくに義持を継嗣と決定したものと思われる。以降は、義持が御所として政治を切り盛りしていくのであるが、それを補佐したのはもちろん斯波義将であった。

斯波義将

義将は南北朝動乱の中を生き抜いてきた百戦錬磨の闘将であった。義将と前将軍義満との間は、一筋縄ではいかない数十年にわたる長い間の確執や協調関係が存在していた。義将は康安《こうあん》二年（一三六二）七月にわずか十三歳で幕府の管領に補任《ぶにん》されたが、実権は父親の高経《たかつね》が握っていた。だが貞治《じょうじ》五年（一三六六）八月、政変によって越前に逃れた。義満が将軍となると、細川頼之《よりゆき》が管領として幕府の実権を掌握していたが、義満の成長とともに反頼之派が台頭し、その中核となって活動したのが義将であり、彼は康暦《こうりゃく》元年（一三七九）閏四月の「康暦の政変」を引き起こし、再度管領として幕府の中枢に復帰したのである。しかし明徳《めいとく》二年（一三九一）三月にいたると、義将と義満は意思の疎通を欠き、またまた分国の越前国に下向した。翌年明徳の乱が勃発すると、義将は上洛して幕府方として戦い、明徳四年（一三九三）六月管領に補任されて、応永五年（一三九八）閏四月までその任を続けたのであった。

義将の洞察力

公武の権力を掌握していた義満の「地位」や、足利家の家督を誰が継承するかという問題は、一歩間違えば、大きな混乱を引き起こしかねない問題であった。義満の死という突然起こった一種の政治的危機にたいして、このような経歴を持つ義将は、経験にもとづく深い洞察により、政治的混乱を避けるために、義持擁立で素早く対応したのであったといえる。

二 政権初期における権力者の群像

法体の管領

義持政権が成立した当初に義持を補佐した斯波義将は、義満の政治行動に一定の批判的見解を持っていた。そのために義満にたいする尊号の辞退となったといえる。当時の義将は出家していたので、幕府内の役職・地位は「無」であったが、子の斯波義教が管領に就いていた。ところが、応永十六年（一四〇九）六月七日、管領は子の義教から父親の義将になるのである（『教言卿記』）。さらに、同年八月十日には義将が管領を辞任し、孫の義淳《よしあつ》がわずか十一歳で管領に補任された。そして異例であったのは、管領奉書《ほうしょ》に治部《じぶの》大輔《たいふ》という義淳の官名を記し、花押《かおう》は父親の義教のものが据えられているのである。義将が代判した史料もある。

義将の役割

ところが、翌十七年五月七日に義将が卒してしまう。すると翌月九日、幕府内の最大の有力者義将が死去したことにより、孫の義淳が管領を辞任し（二月十九日に辞職したとの説もある）、畠山満家《みついえ》が管領となったのである。なぜ斯波氏内部でこのようなことが行なわれたのか不明であるが、法躰《ほったい》の管領に批判があったかもしれない。いずれにしても義将が一貫して実権を握っていたことは疑いないところである。義将は常に義持の御前に祗候して、義持の後ろ盾として、独裁的な権力者であった義満亡き後、幕府権力の弱体化を防いでいたものと考えられる。

畠山満家と細川満元

以後、畠山満家は管領を応永十九年（一四一二）三月十六日まで務め、次に細川満元《みつもと》が補任されて応永二十八年（一四二一）七月二十九日に辞任している。そして畠山満家が再任し、義持が死去した後の永享《えいきょう》元年（一四二九）八月まで続けるのである。政務の中心であった管領は、最初の二年を除き、義持時代は畠山満家、細川満元の両者がその任にあった。

島津元久の上洛

ところで、日向《ひゅうが》・大隅《おおすみ》・薩摩《さつま》守護である島津元久《しまづもとひさ》が応永十七年（一四一〇）六月三日に、領国内に不安を抱えながらも、海路にて上洛し、斯波義淳が管領を辞任した二日後の十一日に将軍義持に謁見した。この島津氏の行動の中に、当時の幕府の権力構造を窺わせるものが存在している。島津氏に対して、幕府は九州支配の関係からか上洛を要請していたようであり、すでに一族の伊集院頼久《いじゅういんよりひさ》が京都にいたっ

歴代管領と就任期間

氏　名	就　任	退　任
斯波義将	康安２年７月	貞治５年８月
細川頼之	貞治６年11月	康暦元年閏４月
斯波義将	康暦元年閏４月	明徳２年３月
細川頼元	明徳２年４月	明徳４年６月
斯波義将	明徳４年６月	応永５年閏４月
畠山基国	応永５年６月	応永12年７月？
斯波義重(義教)	応永12年７月	応永16年６月？
斯波義将	応永16年６月	応永16年８月
斯波義淳	応永16年８月	応永17年６月
畠山満家	応永17年６月	応永19年２月
細川満元	応永19年３月	応永28年７月
畠山満家	応永28年８月	永享元年８月
斯波義淳	永享元年８月	永享４年10月

て、新邸を築き、元久の上洛についての打ち合わせを幕府首脳と行なっていた。「仁義・礼法」等を教示し、京都における元久の世話をしたのは、赤松義則であった。

元久の贈与進上の品々

将軍拝謁のときの贈与交換、進上物について、島津家文書は次のように記している。

島津殿御上洛
応永十□(七)年六月三日御参著、同十一日御参会候、
進上物　御太刀一腰・鳥目《ちょうもく》二千貫、
従御所(義持)様　御太刀一振、金作
御舎弟新御所(義嗣)様江
進上物　御太刀一腰、鳥目三百貫、
従御所様　御太刀一振、
官(管)領江　太刀一、百貫
裏松(日野重光)殿江　太刀一、五十貫
武州(衛カ)玉堂(斯波義将)殿江　太刀一、五十貫
山名金吾(時熙)江　太刀一、五十貫
一色(義範)殿江　太刀一、五十貫

土岐（頼益）殿江　　太刀一、五十貫
京極（高光）殿江　　太刀一、五十貫
畠山太夫（満慶）殿江　　太刀一、五十貫
赤松（義則）殿江　　太刀一、三百貫、色々之唐物、
畠山少輔（満熙カ）殿江　　太刀一、五十貫
伊勢（貞行）殿江　　太刀一、五十貫
飯尾（浄称）殿江　　太刀一、五十貫

島津元久が初めて将軍足利義持に見参したおり、将軍以下、各大名等に献上した品々・料足の一覧であるが、元久は赤松の指示により、政権内部で重きをなし、大きな影響力を持っている人々に贈与物を送り、贈与交換がなされたと考えられるから、ここに当時の京都政界の中枢部、室町幕府を構成している面々を読み取ることができる。なお、本節と直接関係ないが、南禅寺・相国寺《しょうこくじ》・東福寺等の諸寺に献上していることも興味深いことである。

室町幕府の構成者たち

ここに見られる人物は、将軍足利義持、新御所足利義嗣、管領畠山満家、伝奏《てんそう》日野重《しげ》光《みつ》、斯波義教（史料には義将とあるが、すでに死去しているので義教であろう）、山名時熙《ときひろ》、一色義《いっしきよし》

範《のり》、土岐頼益《ときよります》、京極高光《きょうごくたかみつ》、畠山満慶《みつよし》、赤松義則、畠山満熙《みつひろ》(カ)、伊勢貞行、飯尾浄称《いのおじょうしょう》である。義持、義嗣、赤松義則以外は進上の物はまったく同じである。なお赤松は島津氏を世話していたことにより各段に多い進上物となっている。これらの人物をみると、三管四職《さんかんししき》にあたる武将をはじめとして、土岐、伝奏、伊勢のような政所《まんどころ》執事、飯尾に見られるような奉行人が義持を取り巻き、政治運営に当たっていたものといえよう。

細川満元

ただここに細川満元が参画していないのはどうしたことであろうか(この二日前に、管領が斯波義淳から畠山満家に交替していたことと関係があるかもしれない)。しかし、六月二十九日に義持が元久邸に御成《おなり》(渡御《とぎょ》―将軍の外出・来着)したときには、管領畠山、赤松、近習等とともに元久邸に参じている。六月十一日の将軍義持への面謁のおりには、細川満元に何らかの参会できない不都合な状況が存在したものと思われる。二十九日の御成の時に付き従った近習は伊勢殿の他に、畠山相模《さがみ》守殿、畠山中務少輔《なかつかさのしょう》殿、畠山七郎殿、畠山出羽《でわ》守殿、畠山少輔殿等が見えており、管領畠山満家一族が多かった。この時期の将軍権力を支えていたのは管領畠山一族や、その軍事力であったと推定できるかもしれない。

称光天皇の即位

島津元久の上洛から四年半後の応永二十一年(一四一四)十二月十九日、称光《しょうこう》天皇が即位した。この即位について、義持を中心とする経緯や評価については後に述べるが、ここで触れておきたいことは、応永二十一年段階において幕府中枢部を構成しているメンバーや在京守護層を知ることができる史料が存在していることである。それは「即位調進物下行等　永仁《えいにん》　応安《おうあん》　永徳《えいとく》　応永」（京都御所東山御文庫記録丙十三）という即位儀礼のための収支を記録したものである。その中に将軍と幕府の守護層が即位の用途を献上した一覧が存在している。そこには以下のように記されている。

即位用途

（足利義持）御所様	百貫
（細川満元）管領	百五十八貫
（斯波義教）武衛	二百貫七百
（満家）畠山	百五十八貫
（時熙）山名金吾	百四十貫
（義範）一色兵部	百四十六貫
（持高）京極	百五十五貫
（義則）赤松	百四十八貫八百六十
（盛見）大内	百四十九貫
（細川満久）讃州	五十貫

細川《(頼重)》兵部大輔　五十一貫
山名《(氏之)》典廏　五十貫
山名総州　五十貫四百六十
細川《(基之)》阿州・九郎《(持有)》両人　五十五貫六百
上椙《(房方)》戸部　五十八貫七百
土岐《(持益)》　九十二貫三百
畠山《(満慶)》匠作　五十五貫
細川《(満俊)》淡州　五十一貫
富樫《(満春)》介　三十貫
富樫《(満成)》兵部大輔　三十貫
以上千九百廿九貫六百廿

献上金の額

即位のために幕府側からは即位段銭一八一二貫文を含めて、三七四一貫六〇〇文が朝廷側に奉納されたのであるが、上記の記述は、そのうち守護層の献上一九二九貫六二〇文の明細を示したものである。将軍足利義持の一〇〇貫文を除いて献上用途をみてみると、最高は斯波氏の二〇〇貫七〇〇文であり、管領細川満元と畠山満家が同額の一五八貫文で、以下を多い順に並べれば、京極持高が一五五貫文、大内盛見《もりみ》が一四九貫文、赤松義則が一四八貫八六〇文、一色義範が一四六貫、山名時熙が一四〇貫、土岐持益《もちます》が九二貫三〇〇文、上杉房方《ふさかた》が五八貫七〇〇文であり、さらに細川一族、山名一族、畠山一族等が五〇貫文から五五貫文程度献上している。なお、ここに後に政局の目になる富樫《とがし》兄弟が各三〇貫文で顔を出している。

幕府内の勢力

この献上銭の多寡が幕府内の勢力の在り方をある程度反映しているとするならば、最高の斯波氏を筆頭として三管領家、四職家、西国の雄である大内氏を最高実力者としてあげることは異存ないであろう。大内氏もこのころは在京していたものと思われる。ただこの中でも、一族を加えると、細川氏は三六五貫六〇〇文、山名氏は二四〇貫四六〇文、畠山氏二一三貫文となり、斯波氏を上回っているのである。いずれにしても、これらの武将が洛中の幕府を構成する中枢にいて、義持を支えていたのである。

細川一族

そしてメンバーをみて知られるように、管領満元をはじめとして頼重《よりしげ》、満久《みつひさ》、基之《もとゆき》、持有《もちあり》、満俊《みつとし》の細川一族が多く、大きな勢力を占めていたことが知られる。斯波氏は確かに最高の高を納めているが、一族の顔が見えないのは、この半年前に一族義種《よしたね》が失脚していることで知られるように、幕府内で勢力の凋落が起こっていたのである。また、四年前の島津氏上洛のおりには、管領畠山満家の一族が義持の周りには多かったのであるが、この段階では管領細川満元の一族が中枢部に多くなっていると推定することも可能である。

富樫氏と斯波氏

ところで、富樫兄弟が登場してきたことは注目される点であるが、彼らと斯波氏とのかかわりについて触れると、斯波氏と富樫氏の加賀国守護職をめぐっての争いの問題がこのころに浮上してくる。南北朝動乱期には富樫氏が守護に補任されていたが、南北朝末期に同国守護は斯波義将の弟である斯波義種に交替した。ところが応永二十一年六月には再度富樫氏のものとなっていくのである。

斯波満種の失脚

『寺門事条々聞書《じもんのことじょうじょうききがき》』によれば、「武衛従兄弟左衛門佐入道（斯波満種）、以外の上意、悪題目出来す、すなわち九日の夜、京中を没落、高野において遁世と云々」とあり、斯波氏一族の加賀国守護斯波満種《みつたね》（義種の子）が何らかの理由で将軍義持の怒りをかい、高野山に逃げて出家し、失脚した。『満済准后日記《まんさいじゅごうにっき》』によれば、その満種の跡を富樫満春《みつはる》・満成《みつなり》兄弟が半国ずつ拝領することになったと記述している。義持が家督を掌握した直後には大きな勢力を持っていた斯波氏の凋落の始まりであり、大きく勢力をそがれたといえよう。代わって富樫兄弟が義持側近として力を持ち始めており、この後、後に述べるように、次第に有力守護層と確執を起こすようになっていくのである。なお富樫氏は応永十七年（一四一〇）ころより史料上に現れる。

満済

もう一人の隠れた権力者である満済についても触れておかねばならない。森茂暁氏の『満済』によれば、義持と満済との関係は、応永十五年八月二十七日に、義持が自らの護持僧《ごじそう》に任命したことから始まるという。初期の段階における二人の関係は、満済が護持僧であることより、義持の人身的な護持を中心とする祈禱修法《きとうしゅほう》が主であり、幕府政治への関与は薄かったという。満済が幕府政治に関わるようになったのは、応永二十三年（一四一六）ころの東国問題が発生したころからであり、応永三十年（一四二三）ころから重臣（宿老）会議への参加も見られるようになったとされているが、しかし義持時代の満済の活動は祈禱中心であり、政治への関与は本格化していなかったという。上杉禅秀《ぜんしゅう》の乱（第五章を参照されたい）以前には、満済はあまり政治には関わっていなかったであろうことは、島津元久が上洛したおり、醍醐寺に進上物を献じていないことからもうかがえるところである。

三　代替りによる統治活動

1　所領問題

義持の居所

応永十五年（一四〇八）六月二十五日に、等持院において義満の四十九日の法会《ほうえ》をすました義持は、その夜弟義嗣とともに斯波義将邸に逗留し、翌二十六日に北山殿（邸）に帰った。これ以前の六月二日に北山殿を義持の居所とすることに決定しており（『教言卿記』）、以後、応永十六年十月二十七日、三条坊門《さんじようぼうもん》邸に移るまでこの北山殿で政務をとるのである。これは義満の継承者は義持であることを内外に示すためであったことはいうまでもない。なお、義嗣は生母である春日局《かすがのつぼね》の里邸を居所とし、新御所と呼ばれたことはすでに述べたとおりである。また、新邸の三条坊門邸は、義持が帰依していた禅宗の寺院を模したものであり、義持の嗜好が表れたものであった。

義持の政治活動

八月十六日に義満の百か日法会を東山青蓮院《しようれんいん》において行なったのであるが、この前後から義持の政治活動が顕現化するのである。七月末から八月にかけて、大和において、従来から対立していた興福寺衆徒筒井順覚《しゅとつついじゅんかく》と大和国民箸尾為妙《はしおためただ》との間に合戦が起こったが、上使飯尾貞之《さだゆき》等を下してこれを治めたり、細川頼長《よりなが》を和泉《いずみ》国半国守護職に補任したりしている。また幕府は十二月三日に、洛中の土倉・酒屋役について、義満時代の政策を確認している（『中世法制史料集　第二巻　室町幕府法』六一頁）。そして、専制的な君主であった「日本国王」足利義満が死去し、その子義持に代替りしたことにより、諸氏・諸家の荘園や所領知行の問題に義持はどのように対処したかという点に注目しなければならない。これについての活動は八月の中頃よりみられるようになる。

所領政策

家督を相続した後の数年間は、義持は積極的な所領政策を推進し、意欲的に独自のカラーを出そうとしていることが知られている。義持が所領を安堵した件につき、『大日本史料』の綱文《こうぶん》からその実態を明らかにすることができる（東京大学史料編纂所「大日本史料総合データベース」で「安堵」を検索）。綱文という限られた範囲という限界はあるが、しかしこれらの綱文で義持の所領政策の大枠を知ることができ、その権力の基本姿勢を推定できると考えられる。

所領の安堵

義持が家督を継承した応永十五年五月以降、二十年ころまでの義持の所領安堵は、他の将軍と比較するならば、史料として残されている所領安堵を示す件数は多いといえる。

その特徴を示せば以下のように指摘できる。

データベースによれば、義持の安堵は、応永十五年八月二十五日に、山城《やましろ》証明寺に同寺領八条油小路《あぶらのこうじ》の地を安堵したのが初見である。そして家督相続の直後の喪が開けた後の五か月程で、安堵が一一件と多く知られている。以後、応永十六年七件、応永十七年一三件、応永十八年二四件、応永十九年一一件、応永二十年八件というように続き、応永二十一年（一四一四）以降の所領安堵の件数は次第に少なくなっていっている。所領安堵のピークは二四件もの安堵を行っている応永十八年であるといえよう。ちなみに、晩年七年半の義満の所領安堵の件数を、東京大学史料編纂所「大日本史料総合データベース」でみてみると、応永八年七件、応永九年六件、応永十年二件、応永十一年五件、応永十二年七件、応永十三年七件、応永十四年四件、応永十五年一件というように一桁の件数であった。史料の偏りがあるであろうが、義持の安堵とはかなり差があり、義持が家督を相続すると、いかに意欲的に所領問題に取り組んだかが知られる。

寺社所領の安堵

その所領安堵の最大の特徴は、史料の残存の形態にもよるものとも思われるが、寺社関係の所領安堵が圧倒的に多いことである。応永十八年（一四一一）を例としてみてみると、武家に対する安堵は、細川持有に阿波《あわ》・讃岐《さぬき》・伊予《いよ》の三か国内の所領を安堵、赤穴弘行《あかあなひろゆき》等に石見佐波郷《いわみさわのごう》の地を安堵、益田秀兼《ますだひでかね》に所領を安堵した三件のみである。また公家は松《まつ》木宗量《きむねかず》の一件である。他の二〇件はすべて寺社関係の所領安堵である。他の年度も同様な傾向にあることが知られる。もちろんこの特徴は史料の残存形態、すなわち寺社関係の文書が多いという点からこのようになったと推定することも可能である。しかし寺社関係の所領安堵が圧倒的に多いということを無視することはできないであろう。

渡付

他の所領問題はどうであろうか。幕府・義持による所領の「渡付《とふ》」を命じた応永十七・十八年の『大日本史料』の綱文を、前記の東京大学史料編纂所「大日本史料総合データベース」で検索してみると同様なことがいえる。

それらの「渡付」は将軍家御《み》教書《ぎょうしょ》として発布したものがほとんどであるが、ここでも安堵と同様な傾向が存在している。十七・十八年がピークとなっているのであり、それも多くは寺社への「渡付」であることが知られる。さらに、寺社と俗人の所領の係争について、応永十六年の山城誓願寺住侶等の押妨を止めるという例外を除けば、寺社領等への俗人の押妨を止め、「渡付」するという例がほとんどである。このような傾向は、「総合データベース」の「返付」等に関わる綱文にもみられるのである。寺社領保護等にたいする義持の積極的な姿勢を読み取ることができる。

2 寺社徳政

寺社徳政の推進

義持が家督を継いだ直後に、なぜこのように寺社領に関わる多くの決定がなされたのであろうか。この点について榎原雅治氏が明快に論じている。氏によれば、義持は紛れもなく、執政開始にあたって寺社徳政の政策をとったという（「室町殿の徳政について」）。義持が政治を行ない始めた数年間の寺社の相論《そうろん》関係文書の中に、義持の政治を「仁政《じんせい》」「善政」「有道」と見なす文言がみられ、また義持自身も「仁政」を意識して政務に励んだというのである。この義持の「仁政」「善政」なるものは明らかに寺社領を回復させるものであった。応永十五年十月五日に、御賀丸《おがまる》の押領を止め、東寺に大和河原荘等を義持が安堵した案件を検討すればこのことが明らかになる。御賀丸とは義満晩年に寵愛された近臣で、その権勢はきわめて大きなものがあったことが知られている。

御賀丸との相論

この争いの経過を榎原氏の論文、東寺百合《ひゃくごう》文書等を参照して概略を述べれば次のとおりである。東寺の応永十五年九月付の訴状によれば、東寺領である大和国弘福寺《こうふくじ》ならびに河原荘は「長者渡領《ちょうじゃわたりりょう》」であったものを、応永六年（一三九九）二月三日に、寺務僧正の御祈禱料所として寄付されて、義満の御判《ごはん》も得ているという。ところが、応永十一年

裁決と代官職の行方

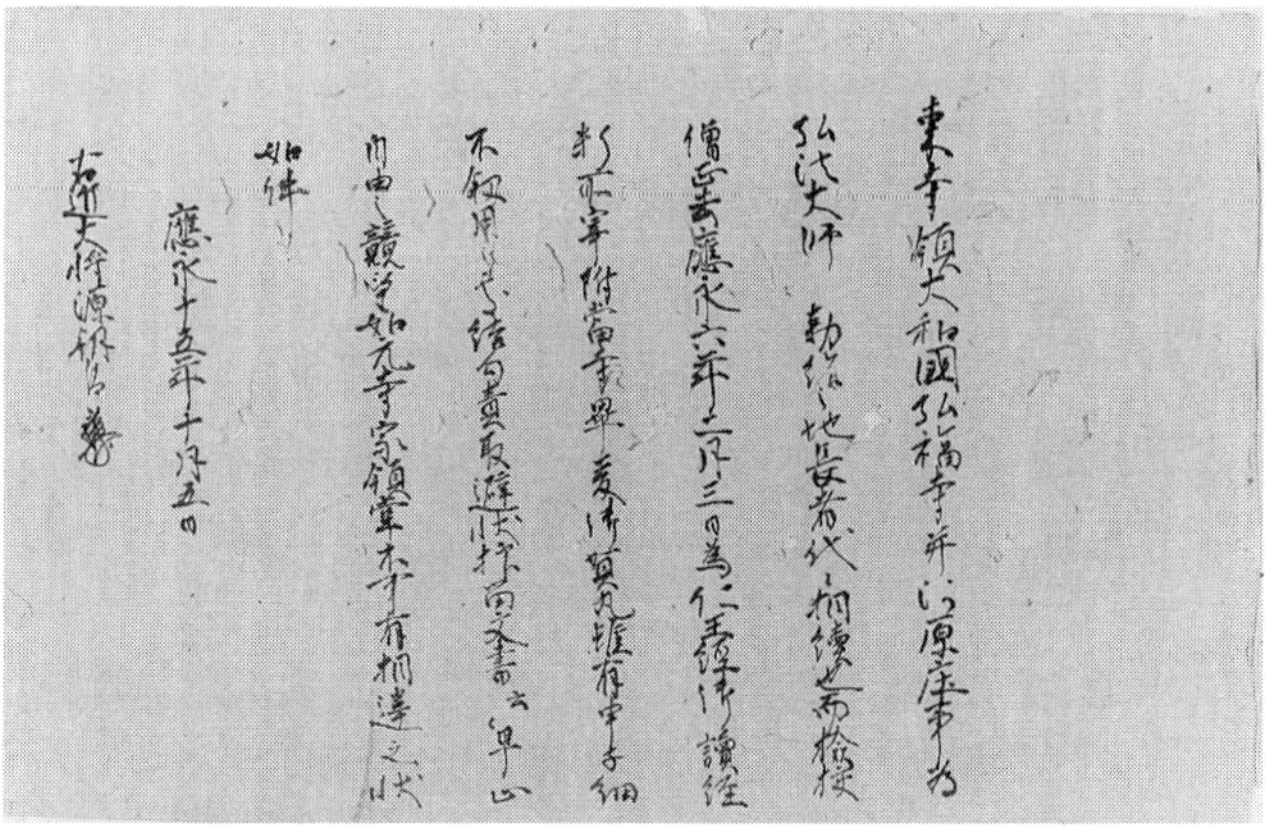

足利義持御判御教書（応永15年10月5日，東寺百合文書，京都府立総合資料館蔵）

（一四〇四）に御賀（丸）殿が無理やり寺家の避《さり》状《じょう》・御判以下を責め取ったと主張する訴状が幕府に提出されたことにより、義持は十月五日に東寺に安堵状を発したのである。

東寺は御賀丸が責め取ったとしているが、実は直銭《あたいせん》一五〇貫文で永代《えいたい》沽《こ》却《きゃく》（永代に売り払うこと）したのが事実であった。東寺の言い分によれば、御賀丸によって無理やり売却させられたというのであるが（東寺百合文書ア函一三六号）、東寺も認めているように、強要されたにせよ一切の所有権を売り渡す「永代沽却」したことは紛れもない事実であった。

十月五日の東寺に対する河原荘に関わる義持の安堵状は、永代売却した所領を取り返して、元の持ち主である東寺に返却するという寺社徳政であることは明確である。この係争過程で御賀丸は赤松義則に「口入《くにゅう》（仲介）」を依頼し、河原荘の代官職に補任されることを希望したのであるが、東寺側は先年一五〇貫文で売り渡した売券を寺家に返却したならば代官職に補任すると返答し、売券と交換に、御賀丸を四〇貫文の請料で代官職に任じたのである（東寺百合文書く廿一口方評定引付《にじゅういっくかたひょうじょうひきつけ》）。しかし数年後には、三〇貫文の未進ということで御賀丸は解任されてしまうのである。

このような経過を記した、応永十八年（一四一一）九月付の東寺百合文書の中の史料（ア函一二六号）によれば、「当御代（義持の御代）の御善政」により、安堵の御判を得ることができたと述べているのである。このような例は、勧修寺門跡《かじゅうじもんぜき》が応永十八年に加賀国郡家《ぐうけ》荘内の土地の返付を求めて起こした裁判の判決にもみられると榎原雅治氏は指摘している。

鎌倉府の所領政策

付けたりであるが、同時期に東国の鎌倉府も同様な土地政策を行なっている。応永十七年十月十一日、関東管領上杉禅秀（氏憲《うじのり》）が「鶴岡八幡宮社領沽却所々の事、申請せらるるの旨に任せ、知行相違あるべからざるの状」（神田孝平氏旧蔵文書）という文書を発しているが、これも寺社徳政であった。これ以前の応永九年十月六日に、上杉朝宗《ともむね》が

代替り徳政

「社領沽却半済法《はんぜいほう》」という徳政を根拠に、依田太郎なるものが十五年の年紀売り田地を、「社領沽却半済法」に反したということで、鶴岡八幡宮に買得地を返却させている史料も存在している（拙著『中世国家と東国・奥羽』）。このようにこの時期、東西に寺社徳政が発せられているのである。義持の行なった寺社復興のための寺社徳政について、榎原氏は代替り徳政と規定している。同時期の鎌倉府の寺社徳政も、応永十六年九月に足利持氏《もちうじ》が鎌倉公方となったことによる代替わり徳政であった。

義持の徳政

応永十五年十月、義持が家督を継いだ直後に東寺に発せられた河原荘安堵状から義持の所領政策の一端をみることができるのであるが、義持が行なった多くの安堵や「渡付」の中にも、同様な徳政的なものがあったであろうと推測することも可能である。例えば、応永十五年九月二十一日に、南禅寺に遠江《とおとうみ》国初倉《はつくら》荘の半済分を返却したり、応永十七年九月十八日に、大伝法院に和泉《いずみ》・紀伊《きい》の半済地を安堵したりしているが、これらはそれにあたるのではないかと思われる。大伝法院領についていえば、「大伝法院雑掌申す、和泉国信達《しんだつ》荘半済ならびに当庄内加納入地の事、申状具書（訴状等の証拠書類）此《かく》のごとし、被官人（細川頼長等の被官）押領と云々、はなはだしかるべからず、早くその妨げを止め、一円雑掌に沙汰《さた》付《しつけ》らるべき由」と、管領畠山満家が御教書で述べているこ

寺社領再興

とから、半済地をめぐる返付問題であったであろうとみられるのである。半済が徳政の対象であったことは知られているところである。また、応永十六年九月二十九日付で義持が但馬国《たじま》楞厳寺《りょうごんじ》に寺領を安堵した背景には、義満側室高橋殿との間に年紀売りをめぐるトラブルがあったことが知られる。いずれにしても、義持が家督相続した初期に、寺社にたいする多数の安堵や「渡付」がなされて（当然多くの寄進もなされていた）、寺社領の再興がなされていたことは明白であろう。

3　所領に関わる法規

闕所地処分

応永十五年十一月三日、「諸国闕所《けっしょ》事」と題する法令が管領斯波義教によって発せられている。それは「諸人望み申すにつき、宛行《あてが》わるるといえども、あるいは本主と称し、あるいは新給と号して、証文を帯び申すの輩《ともがら》繁多なり、ここにより、参差《しんし》（不公平）の沙汰出来の段、しかるべからず、所詮向後においては、闕所の段、土貢の員数、守護に相尋ね、左右につき、その沙汰あるべし」とするものであり、この法令は、守護による闕所処分権の関与が不可避であり、守護権限の増大を示すものであるとされている（笠松宏至「中世闕所地給与に関する一考察」）。

まったくその通りであるが、別の面からみるならば、この法文は「代替わり」にともなう所領問題の処理を目論んだものといえよう。義持が家督を相続すると、諸国の闕所について、代替わり徳政を求めて、本主権（根本領主）を主張したり、新恩給与（恩領）が施行《せぎょう》されていない（未知行）と主張する輩が多く、闕所地の認定が困難をきわめたのである。それに対応するために、守護に闕所の認否、子細の究明という助力を求めたものといえよう。

義持時代の法規

義満時代後半から義持時代は、幕府の法規が少ないことが知られているが、その中で目を引くのが、応永二十九年（一四二二）七月二十六日に発せられた一一ヵ条（『中世法制史料集第二巻　室町幕府法』第一六八条から第一七八条）である。義持は家督を相続した後に、所領（特に寺社領）安堵をかなり強引に進めたであろうことを上述したが、これら一一ヵ条の条文の多くは、所務や手続きに関するもので、義持の所領政策や意図によって出現した案件に関わって発布されたものと推定される。

文書年紀制を適用せず

たとえば、一六九条には「寺社本所領の訴訟の事、文書の年紀によるべからず、ただし公験《くげん》（院宣《いんぜん》や幕府の公文書）を帯びざるにおいては、御沙汰の限りにあらず」とあり、文書の年紀とは「不知行所領を回復するために用いられる、当該所領の権限を証明する文書の有効期間」（『中世政治社会思想』上）であり、室町幕府法の特色の一つである文書年紀制を適用しないとしている。一七三条に「諸人訴訟の事、権門たりといえども、あるいは年紀馳せ過ぎ、あるいは公験を帯びざるにおいては、御裁許あるべからず」と、諸人訴訟においては年紀が過ぎたものは効力がないとしているのであり、寺社本所領は特別であったことが知られる。ただし公験がなければ両者とも不可であると確認している。

諸国寺院への歯止め

一七〇条は諸国の寺庵が将軍家の御願寺《ごがんじ》になる御教書を望むことについてであり、高僧等の吹挙《すいきょ》、在地の領主の注進がないものは不可としている。一七一条は同じく寺庵の所領安堵についてである。「あるいは甲乙人等の寄進と称し、あるいは買得券契の由緒と号して、御判を望み申すといえども、御許容あるべからず、ただし、地頭御家人等、御下文《おんくだしぶみ》以下の証文（根本券契）を副へ渡すにおいては、子細に及ばず」と、諸国の寺庵が甲乙人の寄進状、または売券を副えた申状によって、幕府の寄進安堵・買地安堵を求めてきても許容しないとする。ただし、地頭御家人等が下文等の証文を副えて寄進したり、売却したものについては、安堵するというものである。両条ともに、諸国の寺院の要望にたいして、一定の歯止めをかけたものであるが、これらの条文が発布される裏側には、諸国の寺院による御願寺や寄進・買得安堵を求める動きがかなり強かったことを示している。このことは、義持の寺社興行の意向と深く関わっているものと思われる。

荘園制の再編

条文のその他の特徴をあげれば、前記の文書年紀の問題に関わりのある法規は一六九条・一七二条以外にも、一七五条・一七六条・一七八条である。不知行所領に関わる問題をめぐって一七二条・一七五条・一七六条・一七七条に関連記載があり、さらに闕所と現有地との交換をめぐる法文が一七五条である。これらの条文をみると、たしかに応永年間の中・末期には所領・職《しき》の流動化が激しくなっているように思われ、荘園等の再編が進んでいるのではないかと推定される。

4　公家家門の安堵

義満の公家領安堵

義満は公家の家門や家領を天皇・院に代わって安堵したことが知られている。義満が公家の家領等を安堵するようになるのは永徳元年（一三八一）前後の頃からであり、北朝による所領安堵が消えていくのもこの前後のことである。義満が公家領等を安堵する主体と考えられるようになってきており、天皇の安堵権は形骸化してみられなくなったとされている（水野智之『室町時代公武関係の研究』）。また武家の下知《げち》は院宣に準ずるというような意識もみられるようになってきていた（『三光院《さんこういん》故実清譚《こじつせいたん》』）。

義持の対処

義持は公家家門の安堵にどのように対処したのであろうか。義持時代にいたると、義満時代の後半期にはみられなくなっていた安堵を行なった天皇・上皇の綸旨《りんじ》・院宣が確認され、増加してきている。壬生家《みぶけ》文書によれば、応永十九年（一四一二）四月二日に、覚《かく》円寺《えんじ》敷地ならびに同寺領安堵の綸旨が出されており、この時期に院宣・綸旨が九通残されている。水野智之氏の研究によれば、義満が死没して五年後の応永二十年十一月ことであるが、後小松上皇は、小槻為緒《おづきためお》にたいして、小槻家長者と官務知行を安堵しているとし、義満が所持していた家門等の安堵権が朝廷側に移っていることを指摘している。

朝廷の安堵権復活

さらに興味深い例として、義持と後小松上皇の家門安堵についての見解の相違した菊亭《きくてい》家《け》の家門相続問題を取り上げているが、義持時代には、朝廷側の安堵権が復活してきたのは明らかである。しかし、安堵する所領は禁裏や院との関わりのあるものが多かった。

義持の公家安堵

では、義持は公家に対する安堵権をまったく放棄したかといえば、そのようなことはなかった。たとえば、応永十五年十二月十四日、山科教遠《のりとお》に飛驒《ひだ》国岡本上下保を、同月二十四日に山科教言に飛驒江名子郷を、応永十七年十二月六日に高倉永藤《ながふじ》に山城鳥羽真《ま》幡木荘《はたぎのしょう》の地を安堵しており、最上階の摂関家等はともかく一般公家への安堵権は行使していた。しかし、山科教遠・教言は明らかに室町殿家司《けいし》であることより、家司に限定される可能性もある。ただ、院や禁裏と関わりのある所領において後小松が安堵したり、宛行ったりしても、室町殿義持の了承を必要としていたことは『看聞日記《かんもんにっき》』等にみられるところであるし、また義持の「突鼻《とっぴ》」(不興)により家領等を没収された公家がいたことも事実であり、公家の所領安堵に大きな影響力を持っていたことは否定しようがない。いずれにしても義満による公家への所領安堵とは異なった方針を、義持は持っていたであろうことは指摘できる。

四　渡御(御成)と君臣関係

渡御の増加

義持が足利家の家督を継承した後、ことに多くなったのが、渡御・御成と称される行動である。渡御・御成とはどのようなことかといえば、義持が臣下の大名・近臣等の邸宅に赴き、接待を受けることである。このことについてはすでに二木謙一氏や金子拓氏が、室町幕府儀礼の成立・展開という側面から検討されているので、両氏の研究を参考にしながら、守護や近臣等と義持の関わりについて叙述しておこう。

『満済准后日記』の記述

『満済准后日記』には義持の日常的な行動がかなり詳細に記述されている。そしてそこには渡御（御成）や参籠《さんろう》という語句が頻発するのである。参籠は別の意味合いもある寺社関係の問題であるので後に述べることとして、渡御についてみておきたい。四六・四七頁の表（「足利義持の渡御」）は、満済の日記に表れる、応永二十年（一四一三）・二十一年（一四一四）における義持渡御の実態である。なお、渡御と同様な行為である参内・院参（参院）については後で述べるので、ここでは省略した。

義持渡御の特色

表は応永二十・二十一年に行われた渡御であるが、他の年も同じような傾向であった。義持は一月にかなり多くの諸氏の邸宅に渡御し、五月ころから次第に少なくなっていく。特に武将等の邸宅への渡御は年の前半が多く、後半は減少する。ここでは挙げなかった参内や院参、神や仏との間の信仰を絆に寺社に参る参籠・参詣等も多く存在しており、一年のうち、かなりの日数、三条坊門の室町殿から出かけているのである。

公家・僧への渡御

渡御の中には公家層へのものもみられるが、これらの公家も伝奏や家司等であり、近臣と同様な存在であったことよりなされたものと考えられる。また僧侶の宿所や寺院が多いが、寺院の住持・住職との関係で渡御するのである。その典型的な例が、三宝院への渡御であり、満済と義持との深い交流関係からなされたものである。

渡御の年中行事化

御成と呼ばれるこのような多くの渡御が室町幕府年中行事として行なわれるようにな

ったのは、義持時代からであるとされている。二木氏によれば、室町幕府の年中行事として椀飯《おうばん》が成立するのは応永初期（義満時代）のことであり、正月一日に時の管領、二日に土岐氏、三日に佐々木（六角・京極の隔年）氏、七日に赤松氏、十五日に山名氏が将軍に椀飯を進める義が定着したとされる。また二日の管領邸御成始《おなりはじめ》もこのころに定例化されたが、諸家への御成（渡御）は義満の死後であったという（二木謙一『中世武家儀礼の研究』）。

義持の通例

『満済准后日記』に記載された、義持の応永三十四年（一四二七）までの行動から推測すると、義持は正月元旦は参内・院参が恒例であり、以後二日は管領邸への渡御、五日に畠山邸（ただし二十二年頃まで）、十一日には三宝院（二十年には十三日）、十二日には武衛（斯波）邸、二十日に赤松邸、二十二日に山名邸、二十三日には細川邸、二十五日青蓮院、二月十七日は一色邸、二月二十九日（または三十日）に京極邸への渡御は年中行事として決まっていたし、また十二月二十五日に参内・院参が多かった（ただし一部推測）。しかし、その他の渡御は年中行事として解釈するよりも、その時々の状況、あるいは義持の気分等によってなされたものと考えられる。表でも知られるように、年中行事的な御成（渡御）以外に、なぜこのように多くの渡御がなされたのであろうか。

義満との違い

「日本国王」であった足利義満は、正月二日の管領邸への渡御のみといわれている

応永21年	正月	2日管領邸・小川殿，4日伊勢邸，5日畠山邸，10日伊勢邸，11日三宝院，12日武衛邸，13日新御所・畠山将監邸，16日北山女院，17日畠山将監邸，18日大館邸，19日北野殿，20日赤松邸，22日山名邸，23日管領邸，24日通玄寺，25日青蓮院，26日京極邸，28日裏松邸・三宝院，29日等持寺・裏松邸・聖護院
	2月	3日富樫兵部大輔邸，4日裏松邸，10日畠山将監邸，15日相国寺都聞寮，17日一色邸，18日若王子，19日卿法眼邸，30日京極邸
	3月	2日大内邸，4日富樫大輔邸・広照国師弟子，8日等持院，21日武衛邸
	4月	2日景徳寺・畠山大夫邸，7日泉涌寺，13日等持寺，14日雲頂院，23日勝鬘院，28日鹿苑院
	5月	8日等持院，10日村融坊，18日伊勢邸
	6月	11日三条邸，13日土岐邸，14日管領邸，18日鹿苑院，19日甲斐宿所
	7月	16日武衛禅門邸，28日畠山邸
	閏7月	無し
	8月	4日真如寺，10日相国寺
	9月	17日伊勢宿所
	10月	3日常在光院，19日管領邸，22日畠山邸，23日建仁寺・細川讃岐入道邸
	11月	26日三井寺
	12月	17日畠山播磨邸，18日法身院，19日法身院

（注）寺院への渡御は参詣と区別できない場合もある．

足利義持の渡御（『満済准后日記』による）

応永20年	正月	7日小川・北山両御所，12日武衛宿所，13日三宝院，15日女院・小川御所，16日北山女院，19日高橋殿，20日赤松邸，22日山名邸，23日管領(細川)邸，25日青蓮院，26日京極邸，28日建仁寺，29日聖護院・小川殿
	2月	5日勝定院，12日鹿苑院，16日赤松左京大夫邸，17日一色邸，19日卿房邸，21日御室・徳大寺，29日京極邸
	3月	2日黒田宿所，4日富樫兵部大輔宿所，6日相国寺，8日等持院，9日土岐邸，10日上野邸，11日任慶法印宿所，14日畠山伊与宿所，18日南禅寺，23日大内入道宿所，26日京極加賀宿所，27日上杉邸
	4月	2日赤松伊豆邸，5日勝定院，7日勝定院，8日相国寺，9日管領邸，10日大館刑部少輔宿所，11日相国寺・小川殿，21日細川讃岐邸，25日南禅寺，26日畠山大夫邸，27日北野殿
	5月	12日管領邸，13日村融法橋坊，14日三宝院(法身院)，20日伊勢邸
	6月	11日万里小路坊，（教興卿記に「六月□日甲斐へ渡御」の記載あり）
	7月	2日畠山将監邸，7・8・9・10・11日小川殿，12日鹿苑院
	8月	11日大智院，17日天竜寺，19日真如寺・管領邸，22日大内邸，29日裏松邸，（教興卿記に「八月□日武衛へ渡御」の記載あり）
	9月	3日山名邸，12日華頂坊，18日実相院，20日新御所，21日若王子，26日宇治
	10月	4日女院御所，9日小川殿，20日山名邸，21日聖護院・武衛邸，28日赤松左大夫邸
	11月	4日小川殿，22日京極邸，26日円明坊
	12月	3日実相院，9日飯尾美濃入道邸，13日大覚寺，14日楠葉宿所，15日女院，25日畠山将監邸，27日管領邸，29日伊勢邸，30日北山女院

（『中世武家儀礼の研究』）。義満も渡御や参詣はしばしば行なったであろうが、義持のそれとは比較にならないくらい少なかったであろう。義満は北山殿を造営し、そこを「王宮」に模していたと考えられるのであり、その北山殿に専制君主として君臨し、そこを舞台に統治・政治が行なわれたことはいうまでもないことである。彼は北山殿に臣下を参仕させて、「公武を超越した」と考えられている絶対的な権力を行使した。義満にとっては、臣下を専制君主の「居城」に呼びつけることでその権威を示したのであった。最晩年には後小松天皇さえ北山殿に行幸させて、「上皇として振る舞い」、その権威を見せつけている。

三条坊門邸への転居

義持はその反対の行動、すなわち自らが家臣の邸宅に出かけるという行動をとった。義持は家督を相続すると、専制君主のシンボルであった北山殿を解体してしまった。そして祖父義詮の邸宅があった三条坊門に新邸を建立し転居してしまったのである。この室町殿はもちろん政務の中心として、臣下を召すことも多くあったが、幕府の政治が常にそこで行なわれていたわけではなかった。

大名中に荒説

応永二十二年（一四一五）四月二十日頃、「大名中に荒説」が起こり、同じころ伊勢でも南朝方の不穏な動きが伝えられ、洛中は緊張した空気となった。その「荒説」は根拠のない噂ということになったが、この件に関して、五月八日に在京の諸大名は管領邸に集まって、「荒説」の無為を確認しあった。七日まで等持院に参籠していた義持は、「荒説」の無為を確認した次の日の九日に管領邸に渡御している。さらに十四日に武衛（斯波）邸に渡御している。ここに渡御の持つ政治的意義等が推察されるのである。

渡御の政治的意義

渡御という行為は、義持が父義満のように縦の強固な主従関係を望んだのではなく、人間と人間（家と家）との間における主従の信頼関係を強固にするための行為であり、政治的緊張があるような場合において、それを緩和する役割が期待された行為の一つであった。日常的にも多用され、近臣や有力守護家の庶家への渡御も多くみられる。

渡御の実態

ところで、朝鮮の官人である宋《そう》希《き》璟《けい》が応永二十七年（一四二〇）、日本回礼使として漢城（ソウル）と京都を往復した時の見聞等を記録した『老松堂《ろうしょうどう》日《に》本《ほん》行録《こうろく》』には次のような記載がある。

> 六月十三日、王（義持）甲斐殿の家に帰《ゆ》く。殿、饋を設け物を奉《たてまつ》る。日本の此の法は、乃《すなわ》ち来年某月某日王某殿の家に帰くに、其の殿は別に王を迎える堂を構え、其の王に奉る物、弓・剣・鞍馬・銭物は別に求めて、備蓄し、また水陸の味を求めて相《たが》いに勝を争う。其の日王其の第に帰けば、主人は妻を率い庭に出でてこれを迎

う。王、武衛・管領等二三人を率いて来る。主婦は王を迎えて上堂せしめ饋餉し、夫は堂外に於いて賓客を接待す、王入るを許して然る後乃ち入る。王、酔後浴室に入る。主婦随い入りて王身の垢を去る。此れ日本の子孫相伝の法なり。

渡御の目的

まさに渡御の実態を示しているものといえよう。このように渡御という行動の中には饗宴や贈答儀礼が存在していた。年中行事の一つである諸家への渡御に典型的にみられるのであるが、状況によって随時に行なわれる渡御も同様であった。饗宴・共飲共食や贈与の交換を通しての主従的な結び付きを目的としていたということができ、君臣関係間の臣従儀礼の一つということができる。この儀礼は絶対的権威の確立というより、緩やかな形の主従制の形成を目指していたともいえるし、このようにしなければこの時期に将軍の権威が保てなかったからであるともいえる。その理由は、義持の家督継承の過程の中にあった。義持が斯波義将を中心とする諸大名に担がれて将軍になったという負い目にあった。

義持の本心

義持と有力守護層の関係を示すものとして有名なものが、彼が死去する時に述べたという言葉である。「たとえ、御実子御座ありといえども、仰せ定めらるべからざる御心中なり、いわんやその儀なし、ただともかくも面々相い計らい、しかるべき様、定め置くべし」（『満済准后日記』応永三十五年正月十七日条）、「継嗣御人躰を伺うの処、その器なきに依って仰せ置かる丶に及ばず、かつはたとい仰せ置かる丶といえども、面々用い申さずんば正躰あるべからざるの由、仰せあり」（『建内記《けんないき》』同年正月十八日条）と義持が述べている点によく示されている。義持は、たとえ家督相続者を決めたとしても、在京有力守護層が支持しなければ、幕府政治は正常に保てないと述べたのであった。

将軍専制から守護連合へ

ここに義持の本心が表れているのである。義満のような専制君主、圧倒的な権威を望んだのではなく、緩やかな横の信頼関係を重視するような、有力守護連合的な権力形態を希求していたことを示すのが、諸家への渡御であったと思われる。そしてこのような政治的対応が、有力守護層等を義持のもとに結集させる梃子となっていたといえる。義持は絶対的な権威を振りまわす「専制君主型」の政治家というより、「調整型」の政治家かもしれない。後に述べるが、東国等で事件が起こったときに、妥協的な対応・対策をとっていることが彼の特質の一つとしてみられるのである。

第三　内大臣義持と朝廷

一　内大臣と上卿

義満の朝廷政策

義持にとって天皇や朝廷との関係をどうするかということは大きな問題であった。すでに南北朝動乱を通して、所領安堵等の行政権、軍事や裁判、外交等に関わる王朝権力の実態部分は幕府権力の中に吸収されてしまっていたが、父義満《よしみつ》は王朝側に残されていた「天皇の持っている権威」等に強い関心を示し、その権威を身に付け、それと一体化するために異常にエネルギーを注ぎ、義満と王朝権力との一体化が強く推し進められた。義満は天皇位を簒奪《さんだつ》するつもりであったと強調する研究者もいるが、王朝側の古代以来営々として築いてきた伝統的支配システムの中での官位や官職等の昇進を追い求め、天皇制の持つ観念的権威の大きな魅力に義満は飲み込まれていったことはよく知られているところである。

義満晩年の望み

彼の晩年においては、征夷大将軍や太政大臣を辞任して出家した後、北山殿《きたやまどの》として公武の権力を掌中にし、明から認知された「日本国王」として、実質上天皇を超越する行動をとるようになっていた。その有名な例として指摘されているのが、義満を上皇の礼遇で迎えるという状況が出来したことである。義満本人も太上法皇《だいじょうほうおう》(太上天皇)を望んでいたともいう。また先述したように、義嗣《よしつぐ》の元服の儀式も従来の儀礼関係からは考えられないものであった。

朝幕関係の分岐点

父義満の時代に構築された天皇家・朝廷と足利氏・将軍との間の一体化した関係について、義持は父義満の路線を踏襲して同じように進めるのか、それとも転換をはかるのか注目されるところであり、どのようなスタンスを王朝側にとったのか、この問題が義持政権の在り方・評価等をみる上でかなりの比重を持つのである。そのスタンスをはかる第一歩となったのが義満への太上法皇の称号の贈与、すなわち尊号問題であった。義持は自分が頼る斯波義将《しばよしまさ》(よしゆき)等の意見を入れ、義満の生前の贈与の願いをあっさり拒否してしまったのである。義満の朝廷に対する姿勢と異なる義持の意向をまず見て取ることができる。

伝奏制度の踏襲

等持院《とうじいん》に籠居して喪に服していた義持が、斯波義将邸を経て北山殿に義嗣とともに帰還したのは応永《おうえい》十五年（一四〇八）六月二十六日のことであった。その後、権力者として登場してきた義持のもとに廷臣の参賀が続き、また早くも所領をめぐる相論《そうろん》等が展開され始めるのであるが、代替りにより、さまざまにわき起こってくる公家や武家、寺社等の所領安堵や紛争、また権門相互間の調整の必要な案件について、その取り扱い担当者はとりあえず伝奏《てんそう》等を通すという、義満が行なった統治方法を踏襲したのである。『教言卿記《のりとききようき》』によれば、「北山殿（足利義持）御使をもって公家方の事は裏松（日野重光《しげみつ》）申沙汰《もうしさた》、武家方の事は伊勢入道（貞行《さだゆき》）申沙汰すべきの由仰せらる」（十月八日条）とあり、公家方の案件については義満時代に義満側近、伝奏として大きな影響力を持っていた日野重光に任せ、武家方の問題は伊勢貞行（政所《まんどころ》執事）をもって行なうとしているのである。日野重光の「申沙汰」なるものは、伝奏・家司《けいし》の中心となり、「事務手続きを進行させること」程度であると思われるが、これは義満が伝奏・家司制度を核として行なった公武を統治する政治形態を義持が引き継いだことを示しているものである。

内大臣宣下

応永十五年も押し詰まった十二月二十六日、義持と義嗣はそろって参内した。その折に参会した公卿《くぎょう》は、日野重光と広橋兼宣《ひろはしかねのぶ》等であった。いずれも伝奏とみなされる公卿であった。記載されている『教言卿記』には、参内の「初度」とも何とも記されてはいないが、たぶん家督相続後の最初の参内であったであろう（ただし、父義満とともに参内した経験はある）。続いて、次の年の三月二十三日に万里小路豊房《までのこうじとよふさ》を上卿《しょうけい》として、義持に内大臣の宣下《せんげ》がなされ、右大将・征夷大将軍を兼ねて内大臣に任じられた。義持二十四歳であった。この一週間前ごろから義持は風邪をひいたらしく、当時の公家の日記には「御不予大事」「御病気以外《もってのほか》」（重病）というような記述が散見される中での大納言から内大臣への昇任であった。そして七月二十三日に任大臣節会《せちえ》が行なわれたのであった。このとき同時に義嗣も参議から権中納言に任じられた。周知のように義持はこれ以後さらに上位の官職・位階への昇進を欲しようとはせずに辞任するのである（応永二十六年〈一四一九〉八月二十九日辞任）。この点は父義満と大きな相違があったといえる。

奏慶拝賀

義持は内大臣に叙任されたのであるが、奏慶拝賀《そうけいはいが》の儀をしばらく行なわず、応永十八年十一月に後小松《ごこまつ》天皇の皇子躬仁《みひと》（後の称光《しょうこう》天皇）が元服するが、その時に加冠しなければならなくなり、ようやくその段階になり、奏慶拝賀を行なったのであった。奏慶拝賀は叙任された後にあまり期間をおかずに行なわれるのが通例であるが、二年半近くもそれを行なわなかったのは何があったのであろうか。この時期においては、義持と天皇との間の疎遠な関係を示しているのかもしれない。

石清水八幡宮放生会

石清水八幡宮

義持が内大臣として臨んだ儀礼の最初の大きな役回りは、石清水《いわしみず》八幡宮放生会《ほうじょうえ》の上卿勤仕《ごんし》であった。義持は応永十九年（一四一二）に同神宮の放生会の上卿となり、八月十五日当日の神事の中心となって儀式を行なっている。この後、義持は同二十四年（一四一七）、同二十六年（一四一九）と、上卿を務めており、三回も同役を務めるということは、室町将軍の中では類例のないものであった。この室町将軍と石清水放生会に関する研究としては、二木謙一「石清水放生会と室町幕府」（『中世武家儀礼の研究』）があり、詳細に検討されている。

源氏の氏神

石清水八幡宮は平安時代以来、天皇家や公家等と関係が深く、毎年三月に行幸《ぎょうこう》、臨時祭等には勅使奉幣《ちょくしほうへい》などが挙行されている。また足利氏との関係もきわめて深い神社であった。八幡神はもともと源氏の氏神とされており、武神として源頼義《よりよし》・義家《よしいえ》等の崇拝を受けていた。源頼朝《よりとも》も鎌倉幕府を開くと鶴岡八幡宮を勧請《かんじょう》して崇敬したし、京都に幕府を開いた足利氏も尊氏《たかうじ》以来石清水八幡宮を深く尊崇していたことが知られている。このように石清水八幡宮は公家にも武家にも厚く信仰を持たれる神社であった。それゆえ義持の信仰心、源氏・足利氏との関係からして放生会の上卿という役職はたいへんに魅力的なものであったといえる。

上卿という役職

この石清水八幡宮の放生会は貞観《じょうがん》五年（八六三）以来、毎年八月十五日に執行されてきたが、平安時代後期以後は、この祭礼を宮中の節会に準じたり、神幸《しんこう》の儀式を行幸の儀に準ずるものとみなして、上卿・参議以下の朝臣が参仕して神輿《しんよ》を迎えるようになったといわれている。このような祭儀の様態は室町期まで続いていたのであるが、室町以前においては、神事の中心となる上卿は源氏の納言が中心であったとされており、重要な役職である勅使（上卿）の参向に武家が任じられるということはありえないことであった。だが明徳《めいとく》四年（一三九三）、足利義満が武家として初めて放生会の上卿を務めることとなった。この理由を二木氏は義満の信仰心、寺社政策の一環、さらには王朝諸権能の奪取の一つとみなしている。

源氏の棟梁を意識

義持も父義満の行なった前例を多くは踏襲したのであるが、一つ重要な点が異なっていた。すなわち、源氏の棟梁を意識して上卿を務めていることである。義満は大臣として参向し、左右近衛府の官人を従えたのであるが、義持はそのような例をとらずに、武家の将軍として帯刀（近習武士団）を従えて参向しているのである。これは義持のよってたつ立場を明示した注目すべき点である。このことは六代将軍義教《よしのり》の上卿参向のときも同様であった。

義持は七月十六日に扈従《こじゅう》する公卿以下を定め、三十日に大納言久我通宣《こがみちのぶ》に参向次第を作らせた。八月十二日に石清水八幡に向かい、十五日に時々雨の降る中で挙行された放生会で、義満の前例を多く踏襲しながら上卿を務めたのである。この時義持とともに石清水に参向した公卿は弟義嗣以下、日野重光、久我通宣、広橋兼宣、北畠俊泰《きたばたけとしやす》等であった。義持が三回も上卿を務めたことは注目すべきことであるが、義持のこのような対応は、義満がとった寺社対策や王朝権限の奪取というような意図と異なり、純粋に足利家の棟梁としての、義持の信仰心からの行動とみなすのが自然である。この点については後の義持の信仰（第九章「信仰と芸能」）でも触れることにする。

二　称光天皇の即位

1　践祚と即位儀

内大臣義持にとって、生涯でもっとも大きな儀礼となったのは称光天皇の即位に関わる儀礼であった。

称光天皇践祚

応永十八年（一四一一）十一月二十五日、後小松天皇の第一皇子である躬仁（実仁）が親王宣下を受けた。母親は光範門院《こうはんもんいん》（日野西資子）で、応永八年三月二十九日に生まれていた。この親王宣下を受けた三日後に元服したのであり、十一歳であった。この躬仁の元服の加冠の役割を演じたのは内大臣義持であった。前述したように、義持はこの時まで奏慶拝賀を行なっていなかったのであるが、加冠を務めるということになれば、奏慶拝賀を行なわざるをえず、元服の儀の直前に拝賀を行なったのである。

義持が石清水八幡宮の放生会上卿を滞りなく務めた二週間後の応永十九年八月二十九日に、後小松天皇が躬仁親王に譲位し、称光天皇として践祚《せんそ》した。昨年冬に元服したばかりの十二歳であった。同日すぐさま甘露寺清長《かんろじきよなが》・清閑寺家俊《せいかんじいえとし》を蔵人頭《くろうどのとう》に任じ、また万里小路時房《ときふさ》以下を蔵人とした。

後小松天皇は譲位のため、前日の二十八日に前権大納言資教《すけのり》邸（東洞院亭《ひがしとういんてい》）に行幸したが、義持もそれに供奉《ぐぶ》し、二十九日の称光天皇践祚には、伝奏日野重光邸から躬仁親王（称光天皇）と同車して内裏にいたったのである。『椿葉記《ちんようき》』には、「さてたいり（内裏）は御治天《ちてん》卅年政務おほしめすま、にておりさせ給ふ、応永十九年八月廿九日一の宮（躬仁親王）に御くらゐゆつり申さる。御治世はもとのことくにて、よろつめてたく渡らせ給」とあり、後小松は上皇となり院政を開いたことが記されている。また応永二十年十月二十二日、義持は淳和《じゅんな》・奨学《しょうがく》両院の別当に補任され、次の二十三日に源氏長者となっている。

即位式の義持

即位式は二年四か月後の応永二十一年（一四一四）十二月十九日、太政官庁において挙行された。これより以前の十二月五日、即位礼のために仙洞御所《せんとうごしょ》（東洞院殿）に方違《かたたがえ》行幸を行なっている。このおりに、儀礼において重要な役割を演ずるはずであった関白一条《いちじょう》経嗣《つねつぐ》が病気で不参であった。そのため内大臣の義持が称光天皇の裾に侍《はべ》ってことごとく式次第をリードしたのであった。しかし関白が不参の場合は、蔵人頭が「御裾に候」するのが先例であるが、内大臣（「伏見宮御記録《ふしみのみやごきろく》」ではわざわざ「征夷将軍義持」と記している）の行為はまったく先例がなく「希有」のことであり、不審であったという（「応永二十一年御方違行幸記」・「伏見宮御記録」等）。義持が関白の「代行」を強く望んでいたために起こった先例に反する行為であった。

「新儀」の事態

同月十三日には、即位由奉幣使《よしのほうへいし》（伊勢神宮へ即位式を行なうことを告げる使者）の派遣のために神祇官《じんぎかん》に行幸したのであるが、この時も「新儀」の事態が起こった。関白一条経嗣の日記『荒暦《こうりやく》』によれば、この時は関白も参仕して式次第を書き留めており、その中には義持の先例を無視した傍若無人な行動を批判的に叙述している。この儀式が始まる以前に義持より経嗣のもとに、先般の仙洞行幸のおりには天皇の「裾」に近侍したが、今回も必ず同様にしたいと内々言ってきたのである。経嗣は渋々了承したが、「このようなことはまったく不可であり、勝手気ままな行動である。このようなことは現在の義持の権勢がなすことであり、前例にすべきではない」と、ぶつぶつと呟くように記しているが、如何ともし難かった。

関白経嗣の不満

病気がようやく治ったばかりの経嗣は体力の回復もいまだ不十分であったが、早めに神祇官に出仕すると、神祇官公文《くもん》の宗岡行嗣《むねおかゆきつぐ》から、「準備は整いました。ところで殿下

（一条経嗣）の御座の外に、室町殿（足利義持）の座は何処に設けましょうか、また畳は「大《だい》文高麗《もんこうらい》」でよろしいでしょうか」との伺いがあった。経嗣は義持の座はあくまで「臨時の新儀」であると強調し、畳は「大文高麗」で可、座席は関白経嗣の東側にと申し付けたのであった。ところがその後、天皇の座が「両面」の帖（畳）であることを知り、臣下が「大文」ではまずいということで、「小文高麗」に代えたりしている。いずれにしても義持が天皇の裾に侍りたいと主張したことにより、多少混乱しながらも、関白と内大臣（征夷大将軍）がほぼ同等な立場に立って、儀礼が進行したのであった。

内弁任命への介入

　同月十九日に即位式が遂行されたが、この時もトラブルが出現した。儀礼は内弁《ないべん》右大臣九条満教《みつのり》、外弁《げべん》大納言花山院忠定《かざんいんただざだ》等の指揮のもと、大略は無事に進んだのであるが、即位式を司る最高責任者である内弁の任命をめぐって義持が介入した。後小松上皇は左大臣でありながら辞退する今出川公行《いまでがわきんゆき》を説得して、内弁としていた。ところが、義持は強引に権大納言九条満教を内弁に推挙したのであった。その理由は、「近代において即位式の内弁は執柄《しっぺい》（摂関）家が行なうのが佳例である」というのである。そこで朝廷は急遽満教を右大臣に任じて内弁とし、右大臣であった鷹司冬家《たかつかさふゆいえ》を解任してしまった。

　さらに問題が起こった。式の当日、出仕してきた九条満教は、式の時の礼服には不可欠な玉佩《ぎょくはい》を持っていないというのである。それを聞いた義持は、参議一条実秋《さねあき》の玉佩を召し上げて満教に渡してしまったのである。哀れであったのは実秋である。礼服に玉佩がついていないという、恥ずかしい姿で外弁としての任務についていたのであった（『看聞日記《かんもんにっき》』別記）。

経嗣の落度

ところで、称光天皇の即位の儀を終えて、満済の坊（法身院）に帰ってきた義持は、満済に関白一条経嗣の落度を言い立てている。すなわち、このたびの即位式において、大事な儀式である即位灌頂《そくいかんちょう》を天皇に授けなかった。これはたいへんに珍しい、おかしいことで、五日に仙洞へ方違のために行幸したおりに、後小松上皇がこの秘儀を行なったというのである。義持は関白経嗣がこの秘儀の伝授をされていないであろうと推測している（『満済准后日記』応永二十一年十二月十九日条）。このことは後小松上皇も経嗣がいまだ伝授されていないので自分が行なったと書き残している（『後小松院日記』）。

2　義持と大嘗会

大嘗会

即位にとってもっとも大きな儀礼の一つである大嘗会《だいじょうえ》が、次の年の応永二十二年（一四一五）十一月に行なわれた。この時も義持が積極的に関わり、その専横をきわめた行為があって、関係公卿にとっては大変な厄日となった。すでに十月二十七日には太政官行幸、二十九日に御禊《ごけい》行幸が行なわれ、節下《せつげ》の大臣は九条満教であった。が、この時も例のごとく、関白一条経嗣が「不参」のため、義持が供奉して天皇の裾に候し、本来は関白の役目である任務を代行していた（『大嘗会仮名記』）。この大嘗会における義持の行動については石原比伊呂氏が詳しく触れられている（「准摂関家としての足利将軍家—義持と大嘗会との関わりから—」）。氏によれば、二十九日に御禊行幸が行なわれたおり、義持は内大臣であったにもかかわらず、本来は現任摂関の供奉位置であった御輿の後に列していたが、これは摂関に准じたものであったとしている。そして路次では供奉しなかった経嗣であるが、御禊には参加した。この時義持は「次に関白東の廂の北の座にちやくせらる、内大臣とのおなしき南の座につかせ給ふ」（『大嘗会仮名記』）と、後小松天皇の大嘗会のおりの義満の行動と同じ態度をとっているのである。内大臣足利義持と関白一条経嗣とが同格であったことを示している。石原氏によると、称光天皇の大嘗会四日間における義持の行動六十八を検討し、そのうち、二十七回が関白と同様な行動をとっているという。

「突鼻」の処置

十一月十八日、天皇は大嘗会のために太政官に行幸した。当然義持が供奉したのであるが、この時蔵人頭海住山清房《くろうどのとうかいじゅうせんきよふさ》が御簾《みす》役で義持の意向に反する事を行ない、「突鼻《とっぴ》」

（機嫌をそこねて、譴責《けんせき》を受けること）を受け、出仕を停止され籠居、蔵人頭の解任という事態にいたるのである。これ以前の九日の仙洞への方違行幸でも清房は義持から「突鼻」を受けていたので厳しい処置となったのであった。

いよいよ大嘗会が始まると、関白経嗣も内大臣義持も小忌衣《おみ》を着して神事に参仕し、天皇の裾に候していた。悠紀《ゆき》節会においては、高御座《たかみくら》の「つき壇」に悠紀・主基《すき》の御帳《みちょう》を立てて、その後ろに屏風を立て、その中に円座《まろざ》を敷いて関白・内大臣義持の座としたのであった。悠紀節会の内弁は徳大寺公俊《きみとし》で、儀式は滞りなく行なわれたが、関白経嗣は「老体」といって早く退席してしまったので、義持が関白の行なうべき「挿頭花《かざしのはな》を天皇の冠にさす」という行為を、「准関白」として代行したのであった。ところが、この行為がまたまたとんだ災難を次の日の主基節会の内弁であった久我通宣にもたらすのである。

久我通宣の災難

主基節会の内弁であった通宣は、挿頭花について式次第の中でどのように処理するか知らなかったので、関白に相談したところ、経嗣は先例では内弁が関白に手渡して関白が挿すか、さもなければ内弁が直接冠に挿すことになっていると答えた。そこで内弁の通宣が挿すことにしたのであった。ところが、義持から主基節会における挿頭花の件はどうなっているのか、という問い合わせがきたのである。通宣は、昨日義持が関白一条経嗣の代わりに挿頭花を天皇の冠に挿したことはまったく知らなかったので、先例により内弁が直接挿すと答えたところ、義持は激怒したのである。義持は自分が関白の代行を行なうのが当然であると考えていたからである。

義持の怒りを聞いた通宣は仰天して、昨日の通りにして下さいとお願いしたが後の祭で、義持は納得せず、仕方がないから通宣が行なわざるをえなかった。この後、「准関白」の地位を無視された義持の怒りにより、通宣は右大将を剥奪され、大納言の辞退に追い込まれ、所領である洛中の源氏町を没収されてしまい、この所領は左女牛《さめうし》若宮（六条八幡）に寄進されてしまったのである。通宣は義持の許しがなかったので丹波国穴有《たんばのくにあのう》（穴生）に下向して籠居したのであった。

「突鼻」の被害者たち

この時「突鼻」となったのは久我通宣だけではなかった。中納言洞院満季《みつすえ》、参議正親《おおぎ》町実秀《まちさねひで》、万里小路時房《ときふさ》等が遅参により室町殿への出仕を停止させられたのであった。久我通宣の失脚について伏見宮貞成《さだふさ》は「およそ言語道断の次第なり、彼（義持）の腹立の趣は是非に及ばず、理不尽の沙汰、こと常篇に絶す、（中略）不運の至極無力の次第か、

理不尽の沙汰

任槐（大臣に任じられること）の先途に達せず、幕下《ばっか》（大将）の辞退、家の瑕瑾《かきん》（きず、恥）後

代にのこすべきものか、哀れむべし、悲しむべし、悲しむべし」（「称光院大嘗会御記」）と書いているのである。

3 義持と摂関の位置

義持の性格

称光天皇即位のさまざまな儀礼を通して、義持の肩肘を張った、威張り散らす、傍若無人な行動を見てきた。義持の性格に関して、貞成が「諸人薄氷を履む時節か、恐るべし、恐るべし」と述べているように「短気なところがある性格」であったであろうと思うが、次の将軍である義教はさらに輪を掛けた癇癪持ちであったことが知られており、また父義満も同様で、義持が武門の棟梁として特別な人格というわけではなかった。即位のさまざまな儀礼における義持の態度は、彼の人となりをみるうえで興味深いものがあるが、ここで注目しておきたいことはこれだけではない。

関白の立場を求める

それは、義持が即位儀や大嘗会において関白と同格の行動をとりたがり、常に関白と並んで儀礼の大役を務めていることであり、それを無視された場合には激怒しているという点である。義持のポストは単なる内大臣であるが、それにもかかわらず右大臣や左大臣を超え、朝廷の最高ポストの「関白の立場」を求めたのである。そして関白経嗣は不満を述べながらも、「臨時の席」を設けさせ、義持は実質上「関白の立場」で行動した。

義満の行為の継承

このような義持の行為は、太政大臣を辞任するまでの父義満の行ないと同じである。義満は宮廷作法を執柄《しっぺい》（摂関）にならって行なったとされており、義持はまさに父親の行為を引き継いだのであった。彼は父義満のように太政大臣に任じられたり、准三宮《じゅさんぐう》になったり、明が認知した「日本国王」になったりはしていない。義満は朝廷の官位・官職の上昇をきわめ、上皇の待遇を受けるというような形で朝廷と一体化しながら王権に関与した。だが、義持は朝廷に対する義満のような態度をとらなかった。義持が朝廷内で自分を位置付けたのは「関白代行」・「准関白」までであった。この点が義満と異なっていた。義持は「関白」待遇以上の「上皇の待遇」を得ようとは、少しも思っていなかったことは明らかである。晩年の義満の意図がどのへんにあったか断定できないが、義持は「公卿としての義満の役割」を基本的に踏襲していたものと考えられる。

義満との相違点

公武の最高位

即位の諸儀礼のとき、関白経嗣と内大臣・「関白代」義持の両者が天皇の裾に候して、儀礼の先頭に立っていたのであるが、義持が内大臣以上に昇進しなくても、このような行動ができた理由は、彼が足利家の家督（この点については、第七章で触れる）で、武門の棟梁、征夷大将軍であったからである。すなわち、称光天皇即位の「大礼」で「二つの座」が設けられたのであるが、一つの座は関白（公家の最高位）の座であり、もう一つは形式上はともかく実質上、足利家の家督・将軍（武門の棟梁）の座であったともいえる。

ここに当時の権力構造の一端をみることができよう。関白と武門の棟梁という二つの権門が王権を支えるという構図である。

口宣案に花押を据える

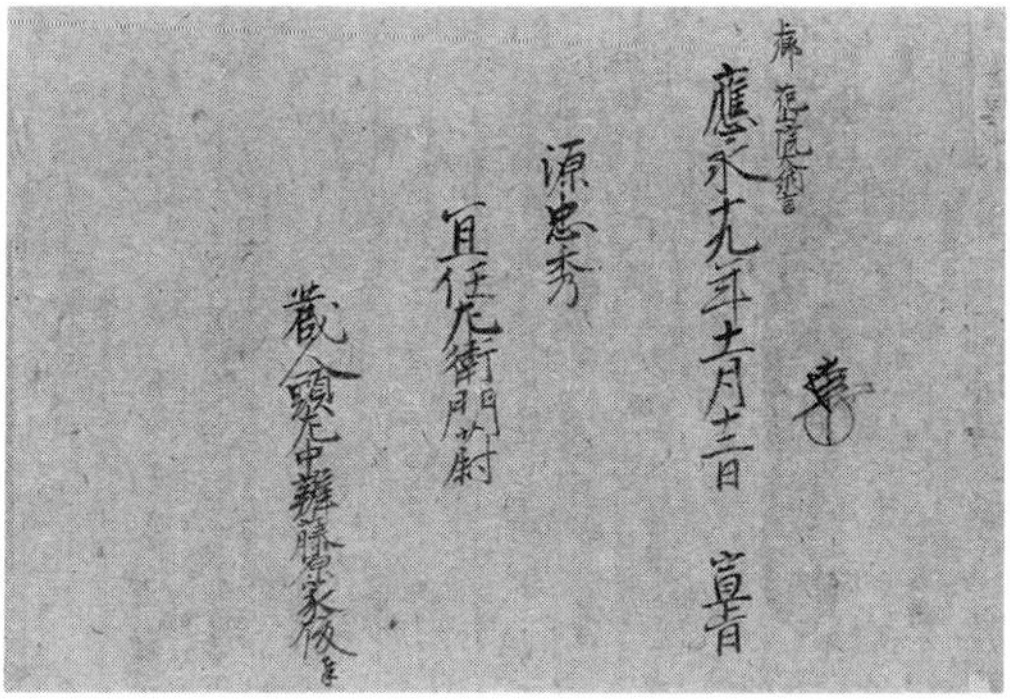
応永十九年十一月十二日　宣旨
源忠秀
宜任左衛門尉

足利義持袖判口宣案（応永19年11月12日，国立歴史民俗博物館蔵）
この文書は源忠秀を左衛門尉に任ずるものであるが，摂津満親宛のものと同様に，義持が袖判を加えている．

ところで、義持は父義満が行なわなかったのではないかと思われる行為もしている。応永十五年十一月三日付、摂津満親《せっつみつちか》を左馬助に任ずる口宣案《くぜんあん》が発せられたが、この天皇が出す文書の右端に義持の花押《かおう》が据えられている（美吉《みよし》文書）。上卿は大納言花山院忠定で、奉者《ほうじゃ》は蔵人権右中《ごんのうちゅう》弁《べん》藤原家俊《いえとし》であった。同月七日付、同上卿・奉者による藤原教豊《のりとよ》を従四位下に叙す口宣案には義持の花押はない（『教言卿記』）。このことから知られることは、武士への口宣案にたいして義持が将軍としての了承を与えた袖判《そではん》花押であることがわかる。武門の棟梁としての立場の確立を目指したものと推定できよう。しかし、義満時代からこのような行為があったとの説も存在している。金子拓氏（『中世武家政権と政治秩序』）は嘉慶《かけい》二年（一三八八）三月二十日付の越智通義《おちみちよし》に与えた口宣案に義満の袖判花押が存在していることより、義満期からこのような行ないがあったとされている（ただし金子氏はこの文書は写しであり、検討の余地を残しているとしている）。

三　義持の参内・院参

後小松上皇との関係

後小松天皇が譲位して院となり、称光天皇が即位したために、幕府は両者と関係・交渉等を行なわなければならなくなったし、将軍義持もまた同様であった。後小松上皇は院政を開くのであるが、義持と義嗣は院司《いんじ》に任じられ、後小松院との間に密接な往来が存在するようになった。院政が開始された直後の応永十九年（一四一二）九月二十六日に院参（院御所に参仕すること）して拝賀の儀式を行ない、そして次の日の二十七日に上皇は御《ご》幸始《こうはじめ》を行なった。御幸の先は内大臣・将軍義持の居所である三条坊門《さんじょうぼうもん》邸であった。義持は当然のこととして、この御幸始にも関白とともに最上位の扈従者《こじゅうしゃ》として供奉したのはいうまでもない。

摂関の追従

ところでこの時に摂関家の公卿が義持に阿諛し、諂おうとするようなことが起こった。すなわち、二条持基《にじょうもちもと》が大納言に任じられたので、義持に拝賀したいといってきたのである。持基としては義満時代と同様な意識であったのであろう。ところが義持は摂関家の公卿が足利家に拝賀に来るなどということは不適切であるといい、もし来たならば追い返せと命じているのである。また仙洞に行かずに義持の居所に集まってきた公家に対して、仙洞に参るようにも命じている（『兼宣公記《かねのぶこうき》』同日条）。ここにも公武を区別する義持の姿勢が表れている。

義持の院参

十月十四日には上皇の布衣《ほうい》始（譲位後に装束を内裏様式から狩衣等を着用する仙洞様式に改める儀式）が行なわれ、義持は三宝院坊（法身院）から院参している。さらに二十一日に再度三条坊門邸に御幸し、院政開始のさまざまな儀式は一段落している。その後十一月に入ると二日にまた三宝院坊から義持は院参しているが、院政が開かれたことにより、義持の院参が多くなり、また参内（内裏に参ること）もしばしばみられるようになった。その院参・参内の様態を明らかにすることが、当時の王権の在り方を見るうえで重要な示唆となると思われるので、義持の院参・参内を追ってみよう。

以下の院参・参内の年表（七四・七五頁「足利義持の参内・院参」）は義持が応永二十年以後に院参・参内した史料上に見られる日時を挙げたものであり、これによって、義持の朝廷に対応する動きの方向性をみておこうと思う。『満済准后日記《まんさいじゅごうにっき》』の中の義持の院参・参内の記述を基本ベースとし、他の『兼宣公記』・『薩戒記《さつかいき》』・『薩戒記目録』・『看聞日記』等の日記類の記載を付け加え、『史料綜覧』、「大日本史料総合データベース」等も参考にした。なお、典拠無記名は『満済准后日記』によっている日付である。

二つの政治拠点

後小松上皇によって院政が開始されると、京都政界内部に二つの政治拠点が存在するようになった。それは「三条坊門邸（御所）」と「仙洞」である。最初に述べておかなければならないことは、この時期の基本的政治運営が、この両者の協調によって行なわれていたということである。

この年表は当然のこととして史料的な偏りがあり、また見落としもかなりあると思われる。それゆえ義持の院参・参内の数的傾向を見るうえで絶対的なものではない。例えば、応永三十四年（一四二七）は、突然義持が院参・参内しなくなったというのではなく、『看聞日記』等が欠けていることによるものと考えられる。しかし、年表に記された十

院参の急増

五年間の傾向についていえることは、応永二十年（一四一三）から同三十一年（一四二四）頃までは、参内の回数（二〜五）はそれほど変化はない（応永三十二・三十三年は微増）といえる。ところが院参の傾向を見ると、次第にその回数が増えていき、応永二十九・三十年頃から急激に増えはじめ、三十一、三十二、三十三年は激増していることを指摘できる。これらの年には、例外はあるが、毎月のように、それも数回にわたって院参している月もある。このように、史料の偏りを考えたとしても、参内は大きな変化はないが、院参は明らかに増加しているのである。

緊密な政治運営

年表で注目すべきことは、院参が予想以上であり、義持が頻繁に朝廷・仙洞に通い詰めていた実態が浮かび上がってくるのである。義持は後小松院の院司で、内大臣あるいは前内大臣であるから当然であると言ってしまえばそれまでであるが、このような頻繁な院参は、義持が応永二十六年に内大臣を辞任して散位《さんに》になったり、あるいは義量《よしかず》に将軍を譲り、出家したことが切っ掛けであったかもしれない。しかし、このことは一般的にいえば、後小松上皇と義持が緊密に連携して政治運営を行なっていたという結論に達するであろう。「室町殿」と「仙洞」との間の人間的な交流・交遊関係が次第に深まっていったという傾向も指摘できる。例えば、仙洞御所での義持の「大飲《たいいん》」等の記載は数

応永31年	正・1院参・参内，正・11院参，正・12院参，2・13院参，2・29参内（兼），3・29院参，5・10院参，5・18院参（兼），5・30院参，6・1院参，（看にこの前後に毎日院参との記載有り），7・18院参（薩目），8・18院参，8・30院参，9・1院参（薩目），9・10院参（薩目），10・1院参（兼），10・17,18,19院参，10・29院参，11・1院参，11・3院参，11・22院参（看），12・9院参（薩目），12・21参内（薩目），12・24院参・参内（兼），12・25院参・参内
応永32年	正・1院参・参内，正・12院参，2・3院参（薩），3・12院参（薩），4・1院参（薩），4・25院参，5・2院参（薩），5・24院参（薩），6・1院参（薩），6・28,29院参・参内，閏6・12院参，7・2参内（薩），7・18院参（薩），7・25参内（看等），8・9院参・参内（看等），9・1院参（薩等），9・11院参（薩），10・1院参（薩等），10・7参内，10・23院参（薩等），11・4院参（薩等），11・16院参，12・11院参，12・23参内，12・25院参・参内（薩等）
応永33年	正・1院参・参内，正・12,13院参，2・3院参（薩），3・1院参（薩），3・5院参，6・1院参（薩等），6・29参内（薩等），7・2参内（兼等），7・4院参（兼等），8・2参内（薩），8・3院参（兼等），8・22院参・参内（兼等），9・1院参（薩等），10・1院参，10・22院参，10・25参内，10・30院参，11・22院参（薩），11・25参内（薩），12・1参内，12・9院参（薩），12・21参内，12・25院参
応永34年	正・1参内，1・11院参，2・19院参（薩目），5・18院参・参内，6・26参内，7・26参内（薩目），8・3院参（薩目），9・1院参(薩目)，10・3院参(薩目)，11・1院参(薩目)，11・4院参（薩目），12・15院参，12・21院参（薩目），12・24参内・院参，12・25院参

典拠無記名は『満済准后日記』による．その他，括弧内に略記した典拠は以下の通りである．

看＝看聞日記　兼＝兼宣公記　薩＝薩戒記　薩目＝薩戒記目録　康＝康富記

足利義持の参内・院参

応永20年	正・30院参・参内，6・11院参，12・27院参・参内
応永21年	正・28院参，4・1院参，4・9院参，5・9院参，5・13院参，7・16院参・参内，12・13～19院参・参内（即位式関係による）
応永22年	2・30院参・参内，10・25院参・参内（兼），10・29～11・25院参・参内（大嘗会関係による），12・27院参・参内
応永23年	正・25院参・参内，2・9参内（看），2・29参内，7・4院参，10・1参内，11・18院参，12・30参内
応永24年	正・1参内，正・30院参（看），3・28院参，閏5・28院参（看），6・19院参，7・23院参・参内，7・25院参（看），11・13院参（看），12・13参内，12・25院参，12・27参内
応永25年	8・11参内，9・1院参・参内，12・18参内，12・25院参
応永26年	正・1参内，3・16参内，3・28院参，4・1院参，6・15院参（看），8・21院参・参内，8・23,24院参，10・22院参，10・23院参，11・2院参，11・22院参，12・25院参，12・26参内
応永27年	正・1院参・参内（薩目），3・3参内（看），7・19院参（薩目），8・3院参，12・25院参（薩目）
応永28年	正・1参内，1・29参内，2・28院参，3・27院参，6・27院参（看），8・28院参（看），10・16参内（看），11・16院参，12・25院参
応永29年	正・1参内，正・12院参，正・13院参，正・17,18院参（看），正・29院参，2・13参内（兼），2・29院参，3・24参院（兼），4・1院参（康），6・2院参（看），閏10・9院参（薩目），11・10院参（薩目），12・24参内
応永30年	正・1院参・参内，正・10院参，2・29院参（看），3・13院参（兼），3・15院参，4・2院参，6・11院参・参内6・15院参，6・17院参，6・30院参，8・1院参（看），8・10院参（看），10・17院参（薩），11・11院参（薩），12・12院参・参内（新将軍始めて参内），12・24参内（薩）

多く見られるところであり、このような上皇との交遊関係を知ることも義持という人物をみるうえで重要であろう。

院参増加の背景

だがここでは当時の国家権力の様態の究明という視点から院（上皇）との交流を考えていく必要がある。院政が開始された初期の院参・参内は即位式や大嘗会等の儀礼関係での出仕が多かったようであるが、次第に公武の両者が協力して国家安穏のもっとも基底的問題に関わらざるをえなくなっていったと思われる。それは皇位継承問題である。さらに義量の将軍宣下とその死去をめぐる問題も存在していた。これらの問題があったからこそ応永三十年代に院参等が激増したのであったといえる。

四　廷臣と義持

義満と廷臣

廷臣と義持との関係について少しみておこう。足利義満が南北朝末期に大臣になると公家として家司（政所別当《べっとう》）を置き、「室町殿家司制度」を整備して、彼らを「家礼《かれい》」として主従制的な関係によって従属させ、摂関家に準ずるような行動を取っていたことが知られている（家永遵嗣『室町幕府将軍権力の研究』）。

義満時代に室町殿家司として活躍した公卿として有名な者は広橋仲光《なかみつ》、広橋兼宣（仲光の子）、万里小路頼房《よりふさ》、日野重光、山科教遠《やましなのりとお》・教言等の一族、清原良賢《きよはらのよしかた》等である。そして家司を出す家も次第に確定していき、彼らの多くは伝奏に補任《ぶにん》されて義満政権の中枢に参画したのである。室町殿（公方《くぼう》）と上皇・天皇との間でもっとも重要な役割を演じ、室町期の権力構造の中で欠くことができない存在が伝奏であった。義満が彼らを重用し、「日本国王」として公・武、寺社支配に活用したことは周知のことである。

義持の家司

義持も父義満が造り上げたこのような家司・伝奏制度を引き継ぎ、政権内で大いに重用した。家督相続した後、義満時代に伝奏として活躍した日野重光を引き続き伝奏の中心として、「申沙汰《もうしさた》」させたのであった。だが重光は応永二十年（一四一三）に死去したので、その跡を継いだのは広橋兼宣であった。兼宣の父親である仲光は伝奏として義満時代に活躍しており、また兼宣も家司として義満に仕えていた。義持期においても室町殿の家司となっていたと推定されているが、子宣光《のぶみつ》は疑いもなく家司であった。

公武の間を取り次ぐ伝奏は忙しい職務であったが、家司を兼任すればさらなる激職であった。伝奏広橋兼宣の『兼宣公記』応永二十九年（一四二二）六月の記事から、その活動をみてみよう。

広橋兼宣の活動

一日、午初に、室町殿（義持）・女院（崇賢門院《すうけんもんいん》）御所に参賀、退出後に院参。

二日、室町殿に参る、使いとして院（仙洞）に参る、未の後半にまた院参、両日大飲。

三日、室町殿（義持）より「来い」との使者があったが、二日酔いのために不参。

四日、早朝室町殿に参る。内裏（称光天皇）病気の由、院（後小松）からの女房奉書《にょうぼうほうしょ》を受け取りに院へ、院より使いとしてまた室町殿へ参る。

五日、室町殿に参る。

七日、内裏の病気増進、室町殿より、院の仰せを伺うようにとの命により、庭上《ていじょう》（仙洞）に参仕、そして室町殿に参る。この日は内裏・仙洞・室町殿の間を三か度も駆け回った。

八日、室町殿に参る。この日は三か度室町殿に参る。

九日、所労（疲れ・病気）により不参、代理として夜に子供の弁《べん》（広橋宣光）が室町殿に参る。

十日、弁（宣光）、五か度室町殿に参る。

十一日、弁、室町殿の使いとして、如意寺に参る、寺の返事を得て、室町殿に参る。

十二日、仙洞より参るようにとの使いが度々あったが、「霍乱未快《かくらん》」のため不参、弁

が参仕、
十三日、室町殿に参る。
十四日、早朝室町殿に参る。参内、
十五日、禁裏（天皇）病気のため、この日三か度室町殿に参る。義持の命により、仙洞に参る。大飲。

家司・伝奏の職務実態

これは広橋兼宣の半月間の勤めを示すものであり、この月の後半もまったく同様な事態であり、また他の月・年も同じようなもので、決して例外の記載ではない。上述の十五日間の記述を読んでいただければ、詳しく解説することもないが、もっとも注目されることは、兼宣は廷臣でありながらも、ほとんど毎日室町殿に参仕・参向していることである。毎日「出勤」して、義持の意向を受けて仙洞や内裏へその意を伝えたり、仙洞等の「仰せ」を義持に伝達することを行なっていたのである。あまりにも激務であることより、過労・病気になることもあったし（このような場合には、子の家司である宣光を代理としている）、義持等の酒の相手もしなければならなかった。これがまさに伝奏や家司の職務の実態であったのである。

また、兼宣は義持の命を受けて所々に奉書も発していた。次の応永二十五年（一四一八）

七月十日の『兼宣公記』の記述はその一例である。

十日、晴、禁裏（称光天皇）不予（病気）御事、今日また御発有るの間、御加持《ごかじ》のため、夜に入り、聖護院《しょうごいん》（道意《どうい》）准后参内したまう、院より仰せらると云々、また室町殿の仰せをうけたまわる、余書状をもって申し入れるものなり、件の状かくのごとし、

禁裏いささか御不予の事候、御加持《ごかじ》のため、御参内有るべきの由申し入るべきの旨、室町殿仰せ候、この趣御意を得せしめたまうべく候なり、恐々謹言

七月十日　兼宣

聖玉《せいぎょく》殿

伝奏奉書の発給

広橋兼宣は足利義持の命を奉じて、聖玉に天皇の加持祈禱のため参内するように命じているのである。兼宣が寺社に対して伝奏奉書（御祈奉行としての場合もある）を発していることは、他の史料にも多くみられる。

義持と廷臣

さて義持の廷臣にたいする態度が怖畏に満ちたものであったことは、すでに称光天皇の即位式・大嘗会《だいじょうえ》等においてみてきたのであるが、公家の義持にたいする畏敬、恐怖の念、あるいは「へつらい」は義満にたいしたときのものとあまり変化はなかった。義持が死去した半年ほど後の正長《しょうちょう》元年（一四二八）六月のことであるが（『建内記《けんないき》』六月十六日条）、

万里小路時房は、満済との雑談の中で、前年に起こった赤松満祐《みつすけ》が播磨国《はりまのくに》を没収されて、一族赤松持貞《もちさだ》に与えられたことを怒り、領国播磨に下向してしまったが、形勢逆転となり、持貞が切腹した事件の時の公家の行動について次のようにのべている。

「去年十月、赤松満祐が領国に没落し、義持が追討しようとしたとき、公家輩《ばら》もそのお供をしようとして甲冑を用意した。また持貞が宿所を焼いて自害した時も、甲冑を著《ちゃく》して馳せ参じたという。このようなことは道理にかなうだろうか」と訝《いぶか》り、「不審」であると述べて、さらに「自分は武には携わらない家柄であるので、武では仕えるつもりはない。武家の計らいで朝家に仕えているので、禁裏・仙洞を護るのが公家の任務である」としている。

満済の見解

この見解に満済も同意しているのであり、この時なぜ公家が異例なことを行なったのかといえば、義満時代に起こった明徳の乱・応永の乱の時に、日野重光が甲冑を付けて義満のもとに参仕したからであるという。だが満済にいわせれば、それは重光が義満の親類（義満の妻日野業子《なりこ》は重光の叔母）であるということからの例外であり、このようなことをするべきではないとしているのである（重光が伝奏・家司であったこともその理由の一つであろう）。赤松持貞事件（第八章参照）から、当時の公家が義満時代の前例に則り、義持に奉仕しようとしていたことが知られる。しかし、批判している時房さえ、「武家の計らいで、朝家に仕えている」といっているように、自らの意識が武家を中心とする支配秩序の中にどっぷりと漬かってしまっていることも事実である。

義持と廷臣

義持は公家が畏怖するような態度をとりながらも、義満とは異なった対応をみせたことも事実である。応永十九年（一四一二）九月二十七日、院政を開いた後小松上皇が三条坊門の義持邸にいたる御幸始があった。この時も公家の異様な状況がみられたことは前述した。多くの廷臣が直接義持邸に来てしまい、仙洞から上皇に供奉しようとしなかったり、二条持基などは大納言に任じられた拝賀のために、義持の三条坊門邸に参ろうとした。このような公家の行ないは義満時代にはよくみられたものであった。例えば応永二年（一三九五）に西園寺《さいおんじ》実教《さねのり》が参議に昇進した時に、義満の前で拝賀舞踏を演じており、他にも多くの事例がある。それゆえ公家は義持にたいしても同様な対応をしたものと考えられるのである。これにたいして、義持は廷臣のこのような行為を拒否した。

公家への対応の変化

このように、義持時代になっても公家の意識は義満時代とそれほど変化していないが、義持は公家にたいして、義満と異なった対応をしていることに注目しなければならない。すなわち、朝廷は朝廷として独自な存在として位置付けているのであり、義満のごとく公・武の一体化を目指していたわけではなかったといえる。

五　公武の権力関係

権力構図

さて、ここで当時の公武の権力の様態、その関係について概略しておこう。この時期の公武にかかわる権力関係はやや複雑であった。義持が内大臣であった時期を例として、「義持時代の公武関係図」（八四・八五頁）を参考にしながら考えてみよう。

この時期、権力の拠点は四か所存在していた。武家側においては、室町殿（幕府）と鎌倉御所（鎌倉府）、公家側は内裏（天皇）と仙洞（院・治天）である。この四か所の関係を室町殿を中心としてみると、室町殿は御所・公方と呼ばれたりする征夷大将軍で、この職は天皇の補任であり、また律令以来の官職である内大臣でもあったが、これも天皇の任命であった。そして義持は院の執権でもあり、形式上は「院に使える身」であった。

伝奏・家司

この室町殿の下に公卿の伝奏、殿上人《てんじょうびと》・参議クラスの家司が組織されていた。伝奏は公卿を朝廷側が補任するのであるが、実質上室町殿の権力組織に組み込まれ、室町殿の意向を受けて公家・寺社権門等に伝奏奉書を発して、室町殿による支配の中核となっていたのである。しかし、伝奏は武家側でのみ行動するものではなかった。院や天皇に対しても「奏聞・仰せ」の関係にあり、院や天皇の命令も奉じていたのであり、また公武間の政治的な問題の調整も行なっていたのである。伝奏こそが公武間の連携の核となるような存在であった。

　伝奏には足利家の家司を経てなるものが多く、家も日野・万里小路・広橋等に固定されていった。家司には、朝廷側の殿上人・参議等の中の伝奏になる家の一族、その庶流を中心に選ばれることが多かった。

義持時代の公武関係図

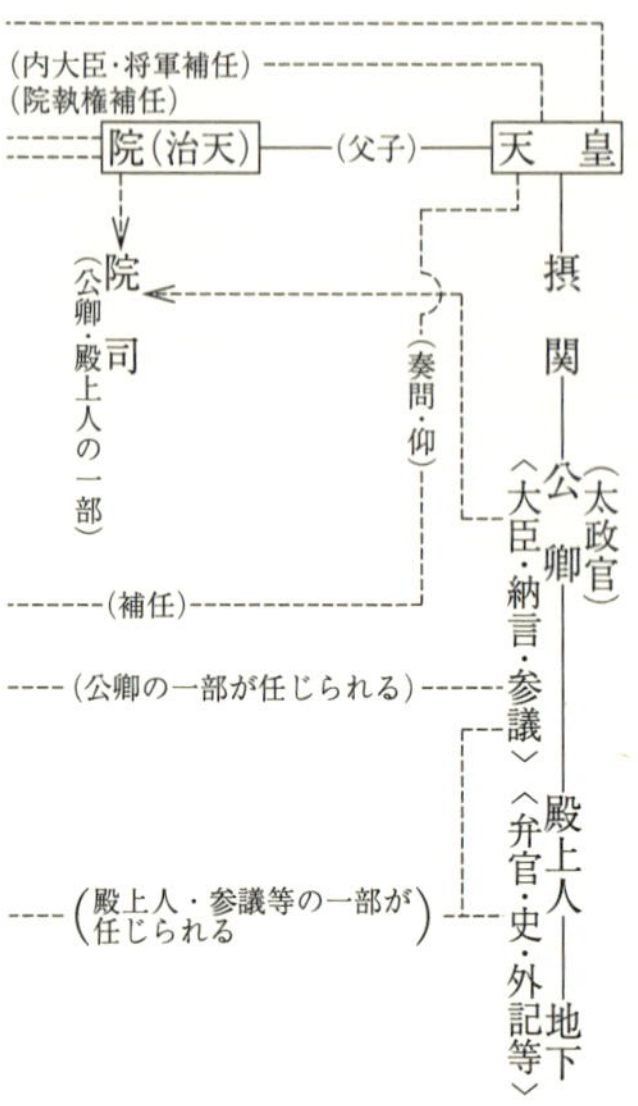

　公家側の権力構図の概略は図に示した通りであるが、武家側についても後の章の叙述とも関わるのでついでに簡単にコメントすれば、室町殿と鎌倉御所（公方）との間には「補任・被補任

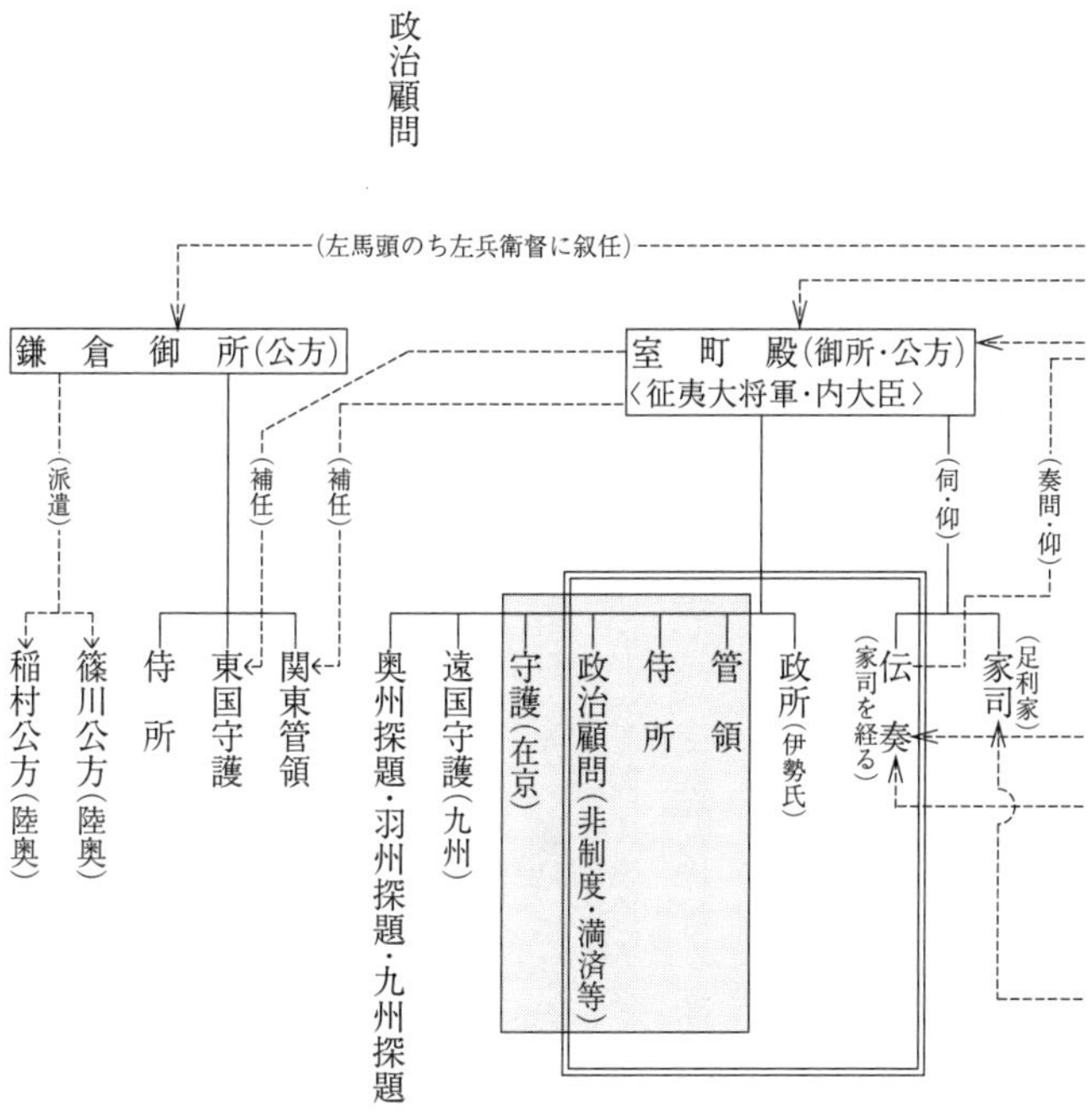

1）二重線の枠内は政務の中枢.

2）網ふせの枠内は宿老(評定)会議のメンバー.

3）破線矢印(┈▸)は公武間の補任・叙任関係(一部武家相互・公家相互間を含む).

4）伝奏・院司・弁官の兼任あり.

5）伝奏と家司の兼任あり.

の関係」はないが、室町殿と関東管領、東国守護との間にはこの関係があり、室町殿が関東管領、東国守護を補任していた。後に述べるが、このことが幕府と鎌倉府の対立の大きな問題の一つとなったのであった。

京都の幕府の権力機構は図のようであるが、組織図の中に非制度的な存在である政治顧問を加えた。それは政策立案・政治方針決定の上で三宝院満済の役割が非常に大きいからである。二重線の枠内に存在する人々が「室町殿による政務」の中枢を形成しており、網伏せの枠内が非制度的な宿老（評定）会議のメンバーである。ただし、宿老会議に参加する在京守護は固定していなかった（東国問題や宿老会議等については第六章を参照されたい）。

義持の地位

義持が内大臣を辞任して散位になれば、官職を通しての朝廷との関係は薄れていき、さらに、将軍を子の義量に譲って出家すれば、公的な院司を通しての仙洞との関係もなくなったと考えられ、義持の地位は義満の北山時代と同じ立場に立ったと思われる。すなわち、全官職から自由となり、義満のように専権を振るい、「上皇的な地位」に立つこともできたと思われるが、義持はそのような行為はしなかった。院（後小松上皇）との関係は、前述したように参院の機会が多くなっていっていることからみると、相互に自立的立場を認めながら、交遊関係等を深めていったのではないかと推測される。

六　後南朝をめぐって

後南朝勢力

幕府・朝廷ともに後継者の不安を抱える中で（この点は第七・八章で詳述している）、政治の不安定要因の一つになったのが、南朝勢力の動きであった。南北両朝の合体後の南朝系勢力の動向については、森茂暁氏が著した『闇の歴史、後南朝』が詳しい。

後亀山法皇の出奔

合体後に嵯峨大覚寺《さがだいかくじ》に入った南朝後亀山《ごかめやま》天皇は尊号宣下を受けて上皇となり、義持が家督を継承したときには、出家して法皇《ほうおう》と呼ばれるようになっていた。義満の死去までは、義満が合体条件の一つである「両統迭立《てつりつ》」の約束を守ろうとしてかどうか不明であるが、後小松天皇の東宮《とうぐう》（皇太子）が決まっておらず、後亀山は次期天皇に南朝系の皇子がつくというかすかな期待を抱いていたものと思われる。しかし、義持が家督を相続すると、後小松の皇子躬仁親王が次期天皇となることが明らかとなっていった。このような事態をみて後亀山は義持と会見を持ったりしたが、目論見は成就せず、京都を出奔して吉野に入った。応永十七年（一四一〇）十一月のことであり、合体条件を破ったことへの抗議行動であったといわれている。後亀山法皇が幕府の説得により、京都に帰還してきたのは六年後の応永二十三年（一四一六）秋のことであったが、すでに述べたように躬仁が即位して称光天皇となっていたのであった。

後南朝の蜂起

後亀山の吉野への出奔以後、雌伏していた各地の旧南朝系の勢力が、畿内各地で反幕府の蜂起を繰り返すようになった。応永十八年七月に飛驒国司姉小路尹綱《あねのこうじこれつな》が飛驒守護佐々木高光等に討たれている。二十二年には河内《かわち》で楠木《くすのき》一族が叛乱を起こしている。

このような中でも最大のものは、伊勢国司北畠《きたばたけ》満雅《みつまさ》が伊勢国で起こした叛乱である。伊勢北畠氏は北畠親房《ちかふさ》の流れをくむ名門で、この時期の旧南朝勢力の中心的存在であった。応永二十二年春、満雅は伊勢で挙兵し、幕府も派兵したが、程なく両者は和睦している。その翌年に後亀山は京都に帰っているが、満雅はこれ以後も何回も離反を繰り返すのであり、鎌倉府の問題とともに、足下の伊勢問題は、公武両者ともに後継問題という大きな課題を抱えていたので、当時の中央の政治を不安定にさせうる要因の一つであった。

第四　義持の外交

一　明との外交関係の断絶

外交の転換

義持は家督を相続した後、外交関係で大きな転換をはかった。すなわち父親義満が明《みん》との間に開いた冊封《さくほう》関係を断絶させたのである。

日明貿易

周知のように義満は応永《おうえい》八年（一四〇一）に「日本准三后道義《じゅさんぐうどうぎ》、書を大明皇帝陛下に上る」（『康富記《やすとみき》』五月十三日条）とする国書を明皇帝に送り、明の建文帝《けんぶんてい》も、これに答えて日本と明との間に国交が開かれたのであった。明の書（詔《みことのり》）には、義満にたいして「爾《なんじ》日本国王源道義、心王室に在り、君を愛するの誠を懐き、波濤を踰越（越えて）し、使を遣わして来朝す」（『善隣国宝記《ぜんりんこくほうき》』中巻、以下田中健夫編『善隣国宝記・新訂続善隣国宝記』による）とあり、義満を日本国王に封じ、さらに使者を日本に遣わして義満に大統暦《だいとうれき》等を与えた。日本が明との冊封関係に編入されたことにより、義満は国際的に「日本国王」として認知されたのであった。

義満への批判

しかし、このように義満が「日本国王」として封じられたことにたいしては、「日本国王臣源」と称したことも加わって、公家層を中心に批判も強かった。義持が死去した後のことであるが、三宝院満済《さんぼういんまんさい》は、義満の明使節への対応について、「故鹿苑院殿《ろくおんいん》の御沙汰の事過たる様、その時分内々道将《どうしょう》入道（斯波義将《しばよしまさ》）等申し候し、愚眼及ぶ所、また同前候き」（『満済准后日記』永享六年五月十二日条）と批判的に記しており、幕府の有力者斯波義将の批判に賛同しているのである。

義満死去の報告

義満が死去すると義持はただちに使者を明皇帝の成祖永楽帝《せいそえいらくてい》のもとに派遣し、義満の訃を告げている（『明太宗実録《みんたいそうじつろく》』八六）。成祖はすぐさま「日本国世子源義持を日本国王に封じた」と記す勅書を持たせて使者を日本に派遣した。応永十六年（一四〇九）七月五日に義持はその使者周全《しゅうぜん》を北山殿で謁見した。明皇帝成祖の勅書は『善隣国宝記』中巻に三通存在するが（すべて永楽六年十二月二十一日付）、義持に関わるのは次の勅書である。

永楽帝の慰問

> 日本国の世子源義持勝定院殿に勅す。近国王源道義薨逝し、訃音《ふいん》来り聞ゆ。朕深く慟悼《どうとう》し、ここに特に使を遣わし、賻《ふ》を賜う。想うに世子父子の至親、益《ますます》懐を為し難からん。并《あわせ》て勅を賜わりて慰問す。世子其の哀《あい》を節し変に順《したが》い、力を襄事に勉め、

以て国人の望に副《かな》え。故に勅す。
絹五百匹
麻布五百匹

遣明船（『真如堂縁起』，真正極楽寺蔵）

永楽六年十二月廿一日

成祖永楽帝は義満の死を嘆き悼むとともに、喪主（義持）に絹五〇〇匹、麻布五〇〇匹の贈り物を賜いて慰問しているのである。そして、義持が嘆きすぎないよう、喪の期間が長くならないよう留意するようにと忠告し、国王としての勤めを果たし、国の人々の期待に応えるように勅している。なお、浅野家に所蔵されている同年十二月二十六日付の永楽帝の勅書は「勅日本国王源義持」で書き始めており、倭寇《わこう》の取締を求めている（浅野長武「明成祖より足利義持に贈れる勅書に就いて」）。

明使の入京を拒否

『明太宗実録』によれば、永楽八（応永十七）年四月、義持は明使者周全の帰国時に堅中圭密《けんちゅうけいみつ》を同行させ、彼を使者として明に派遣した。彼らは永楽八年四月八日に明にいたり、表（臣下から皇帝に上申する文書）を進めている。成祖永楽帝は翌年二月二十三日に勅書等を王進《おうしん》に託して日本に派遣した。しかし、この時に義持は明にたいする態度を変えて、永楽帝の勅書を持った明の使者王進が京都に入ることを拒否して接見せず、兵庫から帰国させてしまっている（『明実録』『明史』等）。

冊封関係の消滅

義持が家督を継承した直後の対明外交をみてみると、義持は冊封関係に入ることを了承し、義満のたてた外交方針を踏まえているようである。それが応永十八年に転換するのは、義持擁立に功のあった斯波義将の死と関係しているとみられている。すなわち、義満の外交姿勢については義将は批判的であったが、対外通交には積極的であったので、彼の死とともに、冊封関係も消滅に向かったのである（村井章介『分裂する王権と社会』）。このような事態に永楽帝は怒り、朝鮮に、「朕は兵船を数万発して日本を撃とうと思う」と語ったという（『李朝実録』太宗十三〈応永二十〉年三月）。

明の来貢要求

応永二十四年（一四一七）秋に永楽帝は日本の来貢を求め、使者の呂淵《ろえん》に勅書を持たせて来日させた。勅書の内容は「義持を批判して兵を派遣すべきであるという意見も存在するが、父義満に免じて実行しない。義持は悔いてその姿勢を改め、来貢せよ」というものであった。翌年春に兵庫に至ったが、義持は面会しなかった。『康富記《やすとみき》』（応永二十五年七月四日条）によれば「去月、唐船都に入るべからず、武庫《むこ》（兵庫）よりすなわち帰るべきの由、武家より、等持寺《とうじじ》長老古幢《ことう》和尚御使に立てらると云々」とあり、義持の態度は変わらなかった。

日明関係の断絶

さらに応永二十六年（一四一九）にいたると、明との外交関係は完全に断絶する。この年永楽帝は呂淵を再度日本に遣わした。兵庫に到着した呂淵は義持の使者元容周頌《げんようしゅうじゅ》に会い、彼が所持してきた勅書を周頌が書写して京都に帰り、それを義持に進めたが、その勅書は「文言およそ存外」（『満済准后日記』）として、義持は完全に拒否したのである。その十一月一日付勅書の内容は前年のものよりかなり厳しくなっていた。それは義満の外交方針を踏襲せずに、朝貢を断絶させたことを強く責めて、倭寇の鎮圧をしないことを批判し、出兵をもありうると恫喝する文言が満ちていた（内閣文庫所蔵『修史為徴《しゅうしいちょう》』）。

国交拒絶の理由

義持は国交を拒絶する理由を次のように述べている。

国君（義持）曰く、夫《そ》れ隣国と好身《よしみ》を通じ、商賈《しょうこ》（商人）往来し、辺を安んじ民を利するは、欲せざる所に非ざらんや。然れども余（義持）肯《あえ》て明朝の使臣に接せざる所以は、其れ亦説有り。先君（足利義満）の病を得るや、卜に云う、諸神の祟《たたり》を為す、と。故に以て奔走精禱《せいとう》す（真心を込めて祈る）。是の時に当るや、霊神人に託して謂て曰く、我が国は古より外邦に向て臣を称さず。此者《このごろ》前聖王の為すところを変え、暦を受け印を受けて、これを却《しりぞ》けず。是れ乃《すなわ》ち病を招きし所以なり、と。是に於て先君大いに懼《おそ》れ、明神に誓う。今後外国の使命を受くること無し、と。因りて誡を子孫に垂れ、固く守り墜《やぶ》ること毋《なか》らしむ。（以下略）

神々との関わり

義持は、隣国との交易は望むところであるが、義満が病気になったのは、神々の祟であるという。それは外邦（明）にたいして「臣」と称し、明の大統暦や日本国王印を受けたからとする。それで義満はそのような行為を行なわないと神々に誓い、子孫に戒めとしてこのことを固く守るように遺言したというのである。この文書は七月二十三日のものといわれているが、七月二十日付のものにも、同様な文言が並んでおり、神という語句が多くみられる。義持は後にも述べるが、神々との関わりを非常に重要視していたし、またこれは当時の公家層の意識にもたいへんに適合したものでもあった。

冊封関係の否定

これらから読み取れることは、神明に託して冊封関係を否定したものであるということである。「略」の部分の概要を示せば、「義持は明使と接見《せっけん》を欲しなかったが、義満の弔問《ちょうもん》のために来たのであるから会ったのであるとし、明の使者が帰るに及んで、堅中を遣わして明使との接見を欲しないことを伝えたが、そのことは伝わっていないのか」という。さらに「我が国は神兵が防御するところ国史で明らかであり、明が兵を用いるというが恐れることはない。ただし威嚇に恐れをなして城壁を高くする等の防御体制などは築かず、来襲したならば、ただ道を掃いて迎え撃つのみである。倭寇については義持の命令を聞かない連中であるから、殺してもかまわず、わざわざ日本に送ってくることはない」と勅書に反論しているのである。ここに対明外交は完全に断絶にいたるのである。以後明との間における交易の象徴であった「日本国王」という文言は消えた。

このように義持が反発したのには理由があった。それは呂淵が来日する直前に起こった応永の外寇《がいこう》が関係していたのである。永楽帝が朝鮮国王にたいして、「日本への出兵」について通告していたことは事実であり（結果的にはそのようにならなかったが）、日本側も明と朝鮮が連合して対馬《つしま》に攻め込んだと判断していた。このために義持は明使者呂淵を追い返したのであった。

二　応永の外寇と朝鮮

対朝鮮外交

朝鮮との外交関係は、応永の外寇（朝鮮では己亥東征《きがいとうせい》と呼んでいる）があったことにより、明との関係より複雑であった。義満が死去すると、義持は朝鮮にもその訃報を伝えた。応永十六年（一四〇九）正月までに伝えられたものは、非公式のようであったが、公式の通知は、応永十六年六月十八日付「朝鮮国議政府左右丞相《じょうしょう》両相公閣下」宛の斯波義将書状であった。そこには「茲者《これは》本邦不天にして、去五月初六、先君（義満）即世す」と義満の死を告げ、そして、新主（義持）は喪に服していることにより、政務が滞っていること、そのため朝鮮への通報が遅れたこと、自分（義将）が幕府の管領《かんれい》となっていること、継嗣の義持は仁徳があること、朝鮮との友好関係は義満時代と変わらないことなどを述べた後、倭寇の取締を約束し、さらに大蔵経《だいぞうきょう》を求めているのである。この使者となった周護《しゅうご》と徳林《とくりん》はこの年の末に朝鮮の朝廷にいたり、次の年の春に帰国した。

倭寇禁圧の遅滞

斯波義将が約束した倭寇禁圧は進まず、必ずしも朝鮮側を納得させるものではなかったので、朝鮮軍が対馬を攻める応永の外寇という事件が起こった。倭寇禁止に積極的で

朝鮮と対馬

倭　　　寇（『倭寇図巻』，東京大学史料編纂所蔵）

あった対馬の宗貞茂《そうさだしげ》が応永二十五年（一四一八）四月没した。その子貞盛《さだもり》（都都熊丸）はいまだ幼少であり、倭寇の首魁とみなされていた早田《そうだ》左衛門太郎が勢力を増していった。応永二十六年五月末、倭寇が朝鮮西沿岸を襲ったことが朝鮮による対馬「討伐」の契機となった。六月下旬、太宗《たいそう》（この時王位は子の世宗《せそう》に譲っていた）は、従来からの願望であった倭寇討伐を挙行しようとして、船二二七艘、兵一万七〇〇〇余をもって対馬を攻め、倭寇に打撃を与えた後、七月三日には朝鮮に引き上げたのであった。太宗が対馬にたいして征討を企てたのは、倭寇問題だけがその理由ではなかった。そこには、本来は対馬は朝鮮の領土であったとする意識も強く存在していたとされている。

応永の外寇の影響

応永の外寇は当時の政界に大きな衝撃を与えたた

めに、あらぬ噂が広まった。朝鮮が対馬を征討する一か月ほど前の五月二十三日に貞成《さだふさ》はその日記に、「ただ今聞く、大唐国・南蠻・高麗《こうらい》等日本に責め来たるべしと云々。高麗より告げ申すと云々。室町殿御仰天、ただし神国何事有らんや」（『看聞日記』）と記述している。六月二十五日条には、大唐蜂起があったとし、そのために出雲大社が振動し、流血を見たとか、軍兵数十騎が広田社から出て、東方に行ったとか、女武者（広田社の祭神である神功皇后《じんぐうこうごう》か）が現れたとか、さまざまな荒唐無稽な噂が記されている。

また、朝鮮軍が対馬から引き上げた後の七月二十日の日記には、唐人が来襲してすでに薩摩《さつま》にいたったとし、国人と合戦になったこと、その形は鬼のごとくであり、人力では責めがたいこと、海上の賊船は八万余艘であること等々の風聞を叙述している。八月十三日には去六日にみたとして、七月十五日付、探題持範《たんだいもちのり》なるものの注進状《ちゅうしんじょう》まで記載している。その内容は「奇特神変、不思議事」や女人武者の活躍などを載せ、あまり真実を含んでいるともみられない怪しげなものであり、そもそも探題持範なる人物は存在しない真っ赤な偽物であったが、貞成は末尾に「末代といえども神明の威力、吾国擁護顕然なり、此の注進状正説なり」と注記するのを忘れなかった。

満済が得た情報

三宝院満済は違う情報を得ていた。義持のもとに「九州少弐《しょうに》方」から注進状が届いていた（『満済准后日記』応永二十六年八月七日条）。こちらの方が真実に近かった。そこには次のように書かれている。

蒙古《もうこ》の舟先陣五百余艘、対馬の津に押し寄せ、少弐代宗右衛門以下七百余騎馳せ向かい、度々合戦す。六月二十六日迄《まで》終日合戦、異国の者共悉く打ち負け、当座に於て大略打ち死に、或いは召し取ると云々。異国の大将両人生け取り、種々白状これ在りと云々。此の五百余艘は、悉く高麗国の者なりと云々。唐船二万余艘、六月六日日本の地に着せしむべき処、件の日に大風起き、唐船悉く逃げ帰り、過半は海に没する由、注進これ在るの旨、彼の生け取る大将高麗人白状するの由、同じくこれを注進す。およそこの合戦の間、種々奇瑞これ有りと云々。（以下略）

捕虜の白状

ここで述べられていることは、合戦の状況と、生け捕った捕虜の白状の内容であるが、攻め寄せてきたのは朝鮮であることを明記している。しかし、明（唐船）も攻撃に参加する予定であったが、大風により計画を変更せざるをえなかったなどと述べており、これは義持に明の出兵を強く疑わせる注進状であった。このような時に、前述したように明使呂淵が永楽帝の「日本征討」をちらつかせるような勅書を持参して日本に来たのである。また前年の来日のおり、日本を征討するような脅迫的な言辞をもてあそんでもいた。

義持が明使との接見を拒否し、兵庫より追い返したのは、それなりの理由があったのである。

朝鮮の意図を測る

応永の外寇は朝鮮と対馬の宗貞盛との間に和睦がなり、一応の終息をみたのであった。だが、幕府は朝鮮の意図を測りかねて、同年十一月に大蔵経を求めるという名目で、僧無涯亮倪《むがいりようげい》等を使者として朝鮮に送った。十二月に亮倪等は朝鮮国王世宗に謁見し、大蔵経を与えられて、回礼使に任じられた宋希璟《そうきけい》とともに次の年の四月に京都に帰ってきた。この宋希璟が当時の日本の状況を記したのが『老松堂日本行録《ろうしょうどうにほんこうろく》』（村井章介校注『老松堂日本行録』による）である。

明と連合して日本を征討しようとしていると疑っていた義持の態度は宋希璟に冷たかった。『行録』によれば、少弐氏の注進状を信じていた義持は、希璟が朝鮮国王の書契《しょけい》（国書）を奉じたいといったが、接見を許さなかった。しかし、希璟は対馬を襲ったのは朝鮮のみであり、また朝鮮は日本を攻める意図はまったくないと弁明したことによってか、ようやく六月十六日に宝幢寺《ほうどうじ》で義持と会見することができた。

宝幢寺の会見

『行録』によれば、義持に接見した時の漢詩の「題」に「（六月）十六日宝幢寺に帰《ゆ》きて王に見え書契を伝うるの後天竜寺に遊ぶ」とあり、その「序」の最後に「頃ありて王、

「王」の語

宝幢寺に来る。予、帰きて王を見え、書契を伝えて後出来す。時に王、僧をして言わしむ、『官人（宋希璟）、諸寺を遊観せよ』と」と書かれている。希璟は義持のことを「王」と称しているのが注目される。しかし、他の場所で「王」（義持）のことを「日本の人、その王を謂いて御所という」とあり、日本国内においては「王」という語を使用していなかった。それは義持の明等への外交文書でも知られるところである。

明への反発

また世宗の書契で問題となったのが、明の年号の「永楽」を使用していたことであった。それは義持が冊封関係を否定して「応永」という年号を使っていたからである。日本側は、「竜集《りゅうしゅう》」（二年、歳次のこと）に改めようとしたが、希璟は拒否している。このことは、義持の明にたいする反発が強かったことを示している案件である。

宋希璟の観察眼

希璟は十月末にはソウルに帰還しているが、希璟の通事として渡来した尹仁甫は室町幕府について「国府庫無し」と、国家の倉庫がなく、「ただ富人が支持せしむ」と述べ、「王居」は面目を保つようなものでもないとその権威を軽ろんじ、さらに、王（将軍）の命令は都の近くの地だけが従がっているのみで、土地はみな「強宗」（豪族）に分割されていると朝鮮で報告しているのである（『世宗実録』巻一〇、二年十月癸卯《きぼう》条）。短期間の滞在で、当時の幕府の存在形態をある程度見抜いていたといえる。

三　東アジア世界と義持

日朝関係

応永の外寇がもたらした日本と朝鮮の緊張関係の中で、朝鮮使節宋希璟等の日本への派遣は一定の成果を収めて、緊張関係の緩和に役立ったことは事実である。この後、日朝間では使節の往来が続いた。

国王の称号拒否

応永二十九年（一四二二）五月、義持は朝鮮国王に書を進めた。そこには「日本国源義持維《この》勝定院殿朝鮮国王殿下に拝覆す。海路沼沼《ちょうちょう》として、久しく音を嗣がず（連絡が途絶えている）。この時に梅雨晴を弄び、槐風は爽を嘘《うそぶ》く（木の中をさわやかな風が吹き抜ける）」とあった。この「国書」で注目されているのは、義持が日本国王と書いていないことである。すでに応永二十六年の義持の書状から「国王」とは署名していなかった。同年の『世宗実録』においても「義持の父親の道義は王に封じられたが、義持はこの命を用いずに、征夷大将軍と称しており、国人は彼のことを御所といっている。それゆえ、その書はただ日本国源義持といい、王の字は無い」（十二月十七日条）と記している（田中健夫「足利将軍と日本国王号」〈『前近代の国際交流と外交文書』〉）。義持は「日本国王」の称号を拒否しており、皆が「御所」と呼んでいたことが記されているのである。

大蔵経贈与を拒否

朝鮮では日本の使者にたいして、回礼使《かいれいし》を派遣してきたが、その帰国に日本の使者を同行させ、彼らは応永三十年の暮れに朝鮮朝廷にいたり、大蔵経を求めた。しかしこれは拒否されてしまった。次の年に重ねて大蔵経の贈与を要請したのであるが、これまた否定されてしまった。朝鮮側が大蔵経を日本に与えなかったことについて義持は大いに不満であり、以後日朝の関係はギクシャクしたものとなっていった。

義持は応永三十五年（正長元年）正月に死去するのであるが、この年の三月の日付を持つ朝鮮国王に宛てた義持の書状（日本国道詮《どうせん》の名で出されている）も存在している。これは、箱根山東福寺に安置するための大蔵経を求めたものであるとされている。ただこの書状の日付は義持死後であり、また『実録』にもこの文書は載せられていない。くじ引きで弟の足利義教《よしのり》が義持跡を継承しているが、いまだ将軍宣下にいたっていないこと、また義持死去の訃報がつたえられたのは、この年の五月であったということから、義持名で「国書」が発せられたものと考えられている。

琉球との関係

義持時代、琉球《りゅうきゅう》とも国家関係を持っていたことが知られている。東アジア世界の中では、古琉球時代の琉球王国は日本（ヤマト）や朝鮮と対等な立場に立つ独立国家であり、琉球王国も明から冊封を受けていた。だが、日本（ヤマト）との関係は、独立国家相互の関係とは断言はできない。琉球国王から室町将軍足利義持に宛てた国書は和様漢文で記されていたが、足利将軍からの琉球国王宛の国書はひらがなであったことが知られている（佐伯弘次「室町前期の日琉関係と外交文書」）。田中健夫氏によれば、足利将軍が琉球国王に宛てた文書は四通の写が残されているのみであるという。その中でも、最初のものとして、『運歩色葉集《うんぽいろはしゅう》』（元亀《げんき》二年京大本）所収、応永二十一年十一月二十五日付「公方様《くぼう》より琉球へ遣わされ候御返書」と注記している、足利義持と琉球国王との間の以下の外交文書が有名である。

琉球宛外交文書

御文くハしく見申候、しん上の物ともたしかにうけとり候ぬ、

応永廿一年十一月廿五日

りうきう国のよのぬしへ

残されている四通の文書を分析された田中氏は、(1)仮名書きの文書であること、(2)御《ご》内書《ないしょ》様式の文書であること、(3)年号の記載があること、(4)印章が使用されていること、(5)充書《あてがき》に「琉球国王」を用いずに「りうきう国のよのぬしへ」を用いていること、の五つの特徴から東アジア世界で通用していた外交文書とまったく相違していると断じてい

る。日本（ヤマト）国家と琉球王国は、相互に外国の君主と認めながらも、「仮名を使用する」同文同種の者同士として、一体感に近い意識で上下の関係を結んでいたとされている。すなわち、日本（ヤマト）は琉球王国を一段下の相手としていたことは疑いないところである。

書礼

ところで近世において、『続史愚抄《ぞくしぐしょう》』編集のために柳原紀光《やなぎわらもとみつ》が編纂した史料集である『砂巌《さがん》』に、琉球国への御書が「書礼」として記されている。それによると、高檀紙《たかだんし》の上を五分、下を四・五分切り、横を一・二分切り、表巻《おもてまき》を一分切るとし、文章は、以下の書き様であることが記される。

御ふみくはしく見申候、しん上の物ともたしかにうけとり候ぬ、めてたく候、

御印コヽニアリ
年号月日

りうきう国の子のぬしへ

（中略）

下され物ハ折紙《おりがみ》ニこれを書く、高檀紙一枚なり、

折紙書様

たち　一ふりこかね

よろい　一りやう　くそく　あさきいと

以上

□印　（四角印）□字ハ白地赤

室町殿と琉球王

「子のぬし」は「よのぬし」の誤りであろう。この琉球宛の書礼は義持時代を中心とする室町期のものであることは、文章が同時期のものであり、また書礼として鎌倉殿や奥州探題、九州探題、「関東執事」上杉氏等があげられていることから知られる。この文章からも、室町殿が琉球王から進上物を受け取り、下し物を与えるという上下関係を窺うことができるのである。

北方世界

北方世界の動きも注目される時期であった。出羽《でわ》国庄内の来迎寺《らいごうじ》の『年代記』、応永二十六年条に「十月六日蒙胡起」（『山形県史　古代中世史料2』）とあったり、また、近世に編纂された記録類に「応永・永享《えいきょう》の頃」に夷狄《いてき》が蜂起したという記述が存在していることから、このころ、従来から続いていた和人《わじん》の蝦夷地《えぞち》への渡島がさらに顕著になり、発展しつつあったアイヌ民族との抗争が激化していたと考えられている（遠藤巖「応永初期の蝦夷反乱」〈『北からの日本史』〉）。また、義持が死んだ後のことであるが、安藤氏が南部《なんぶ》氏と争い蝦夷島に没落したとの記述が『満済准后日記』に見えている。

アイヌとの抗争

このような中、応永三十年四月七日、足利将軍は、「馬二十匹・鳥五千羽・鵞眼二万匹・海虎（シャチ）皮三十枚・昆布五百把」が到来したことの返礼として、太刀以下を送ったとの御内書を安藤陸奥守《むつのかみ》に発している（『後鑑《のちかがみ》』巻百三十六）。この時期、アムール川下流域やサハリン支配を敢行しようとする明とアイヌ等との間に争いは続いていたが、北方世界の高価な産物は、アイヌ等から安藤氏を通して確実に畿内社会に流入してきていた。北方世界の商品流通を掌握していた蝦夷や安藤氏の動きは室町幕府にとって眼が離せないものであった。

南北の産物

室町時代は、東南アジア世界からオホーツク海まで人・物・銭が激しく動いた時代であり、義持時代にも、南・北の産物が続々流入してきていた。応永十五年六月二十二日、若狭小浜《わかさおばま》に南蛮船が着岸して、「亜烈進卿《あれつしんきょう》」なる帝王から日本国王に生象・孔雀・鸚鵡《おうむ》等が送られており、同十九年六月にも南蛮船が二艘到着している（「若狭国税所今富領主《さいしょいまとみりょうしゅ》代々次第《だいだいしだい》」）。このような南蛮船は小浜だけでなく、各地に現れていたものと考えられる。

義持の対明政策への理解

東アジア世界の政治・経済等が激しく動いているこの時期に、足利義持は明との国交を断絶したのであった。この理由は一般的には、父義満の政治にことごとく反発したからであるといわれている。このような個人的感情も無視できないが、しかしこれだけでもなかった。公家・禅僧等からみれば、義満の対明外交は、日本が古来から取ってきた伝統とまったく異なっていたことより、強い批判が存在していた。

義持は支配層内部に存在したこの批判を受け入れたまでであったといえる。特に義持は禅に深く帰依しており、その理解は禅僧をしのぐものがあったという（この点は後に触れる）。後に『善隣国宝記』を編纂した瑞渓周鳳《ずいけいしゅうほう》をみれば明らかなように、五山僧侶は義満の外交文書の書式に厳しい批判の目を向けている。禅に深く帰依していた義持は五山僧侶と同様な意識を持っていたことにより、明にたいして「国王」の文字を使用することを拒否したのであった。しかし、義持は交易に伴う「実利」までは否定しようとしなかったことは明らかである。

実利の追求

第五　争乱・騒動と京都政界

一　足利持氏鎌倉公方となる

持氏の登場

義持が家督相続したほぼ同時期に、関東の鎌倉府でも公方《くぼう》が交替した。応永《おうえい》五年（一三九八）以来鎌倉公方として君臨してきた足利満兼《みつかね》が、義満の死去から一年二か月後の、応永十六年（一四〇九）七月二十二日に死去した。『喜連川《きつれがわ》判鑑《はんかがみ》』等の史料によれば、満兼が死去すると、家督は十二歳の童名幸王丸《こうおうまる》（後の持氏《もちうじ》）が継承し、関東管領《かんれい》は満兼時代と同様に上杉憲定《のりさだ》が務めた。ただし前管領上杉朝宗《ともむね》は上総国《かずさのくに》長柄山《ながえやま》に閑居して、政界から完全に引退したのであった。義持は幸王丸（持氏）の鎌倉公方就任を賀して土岐《とき》右馬允《うまのじょう》を使節として鎌倉に送っていたし、また元服のおりには「持」の字を与えて持氏と名乗らせている。

幕府と鎌倉府

幕府と鎌倉府の関係は建前上、鎌倉府は関東の政務を統括する出先機関という立場であった。であるから、将軍義持が鎌倉公方満兼に御教書《みぎょうしょ》を発したり（『神奈川県史』古代・中世資料　五四一八号文書）、幕府管領が関東管領に奉書《ほうしょ》（同　五四三四号文書等）を発したりすることができる関係であった。だが実態は必ずしもそのようではなかった。鎌倉公方と室町将軍との間は円滑さを欠いており、鎌倉公方は機会があったならば、室町将軍に取って代ろうとする野望を抱いていた。また、鎌倉府は関東八か国について、各国の守護職補任等の権限を除いてほぼ全権を掌握しており、自立した権力として存在していたのである。

鎌倉公方の野望

鎌倉府成立当初の公方足利基氏《もとうじ》のころから、鎌倉公方と将軍との間は良好とはいいがたかったが、将軍職奪取の野望が顕著となってくるのは持氏の祖父足利氏満《うじみつ》（鎌倉公方初代基氏の子）からである。彼は、康暦《こうりゃく》元年（一三七九）に起こった康暦の政変（細川頼之《よりゆき》が管領を辞任し、斯波義将《しばよしまさ》が管領に再任された事件）を絶好の機会と考え、京都に攻め上って、義満から将軍職を奪還しようとして不穏な動きをし、関東管領上杉憲春《のりはる》が自害して諫死《かんし》するという事件を起こしている。氏満の子満兼も満々たる野心を持って、幕府に反抗する態度をみせるのであった。

応永六年（一三九九）十月に、周防《すおう》の大内義弘《おおうちよしひろ》が和泉国堺で挙兵して義満に背いた。この反乱を応永の乱と呼んでいるが、この時、満兼は大内義弘と連携して反抗しようとした。氏満の時と同様に、京都において異変がある状況をとらえて、兵を挙げようとし、同年十一月に武蔵国府中にいたった。しかし応永の乱は大内義弘の敗北と、上杉憲定が満兼を諫めたことにより、満兼は翌年三月鎌倉に帰ったのであった。このような野望は当然持氏へも継承された。そして両府間の対立はさらに激しさを増していくのである。

持氏元服

応永十七年（一四一〇）十二月三日幸王丸は元服して持氏と称した。『喜連川判鑑』によれば、上杉重藤《しげふじ》が上洛し、諱《いみな》の字「持」をいただき、左馬頭《さまのかみ》に任じられたという。次の年正月に犬懸《いぬがけ》家の上杉氏憲《うじのり》（禅秀《ぜんしゅう》）が管領となった。氏憲は上杉朝宗の子であり、朝宗が応永二十一年（一四一四）に七十六歳で死去していることから、かなりの年齢となっていたであろう。しかし氏憲は応永二十二年五月十八日に管領を辞任させられ、山内《やまのうち》家の上杉憲基《のりもと》が補任《ぶにん》された。

上杉氏憲の失脚

氏憲失脚の理由については諸誌の記述はほぼ一致している。『鎌倉大日記』『禅秀記』によれば、犬懸家の家人である常陸《ひたち》国住人越幡《こしはた》六郎が持氏によって所帯（所領）を没収されたが、氏憲（禅秀）はたいした罪科ではないと反対したところ持氏の怒りにあい、氏憲は出仕しなくなったという。『喜連川判鑑』は犬懸家の家人とはしていないが、越幡が病気で出仕を止めていたところ、近臣の讒言に遭い、その身を追放され、それを氏憲が諫めたとしている。もし越幡が犬懸家の家人、あるいは扶持《ふち》していた者ならば、持氏が犬懸家内部に手を突っ込んだことになり、当時の武家社会の慣例からみたならば、氏憲が持氏に反感を持ったことはそれなりに理由があることであった。

二　禅秀の乱の勃発

上杉禅秀の乱

応永二十三年十月十三日の夕刻、関東から驚愕すべき情報が洛中に飛び込んできた。『看聞日記《かんもんにっき》』の同日条によると、「今月二日前管領上杉金吾《きんご》（氏憲・禅秀）謀叛を発《おこ》す。故満氏（氏満）末子（満隆《みつたか》）当代持氏舅大将軍となり、数千騎鎌倉へ俄《にわ》かに寄せ来たる。左兵衛督持氏用意無きの上、諸大名敵方へ与力の間、馳せ参ぜず。管領（上杉憲基）上杉房州子息御方としてわずか七百余騎、無勢の間、合戦に及ばず引き退き、駿河《するが》国堺へ落ちられおわんぬ。同四日左兵衛督持氏館以下鎌倉中焼き払われおわんぬ」との注進が来たとされる。さらに続いて、足利義持は因幡堂に参籠《さんろう》中であったので、諸大名はそこに馳せ参じて評定を行なったこと、駿河国は幕府の管轄地であるので、持氏を駿河守護の今川氏のもとに退かせること、禅秀(氏憲)謀反の原因は、氏憲が持氏の母を犯したとの噂から、持氏が禅秀(氏憲)を討伐しようとし、禅秀は分国に下った、しかしこの風聞は「虚偽」であったことにより赦免されたが、これが原因で謀反となったと述べている。

関東の動向

さらに同月十六日条には、十五日に飛脚が到来し、禅秀方と持氏側が七日に三島で戦い、八日に鎌倉公方側は敗北して、持氏や管領上杉憲基以下二十五人が切腹したと幕府管領細川満元《みつもと》等に注進があったとし、この日も義持は北野経所《きょうしょ》(公文所坊《くもんじょぼう》)に参籠していたが、管領等から知らせを受け激怒したことが記されている。『満済准后日記《まんさいじゅごうにっき》』にも両者自害の話が載せられている。二十日になれば、持氏の切腹は「虚説」であり、管領憲基だけが切腹したのだという噂が流れて、洛中の人々は関東の動向をつかみかねていた。

鎌倉市中の風聞

ところで関東では、すでに持氏が家督を継承したころ、「叔父足利満隆等が謀反を起こす」というような風聞が鎌倉市中に流れ、不穏な空気が存在していたことが知られているが、『鎌倉大日記』や『喜連川判鑑』、『鎌倉大草紙』等の関東のことを記した諸誌によれば、二十三年の八月ころから謀反の企てが進んでいたという。そして十月二日夜に、満隆・持仲《もちなか》(持氏の異母兄弟)が氏憲(禅秀)の館《たち》に馳せ集まり、御所を囲んだことに

関東管領上杉氏の系譜（丸数字は関東管領就任順）

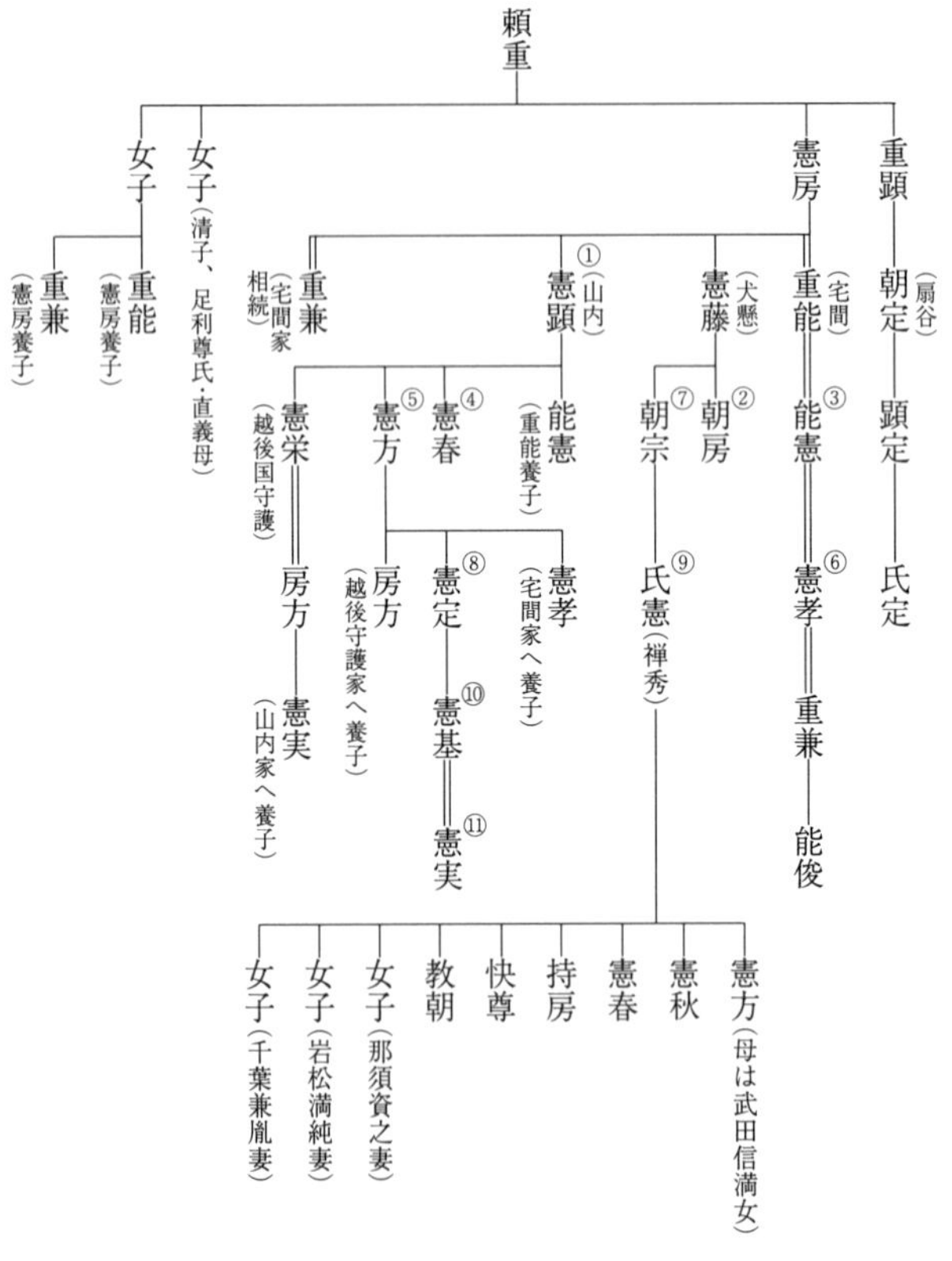

より、持氏は三日に管領憲基邸に逃れ、六日に由比が浜合戦に敗れて、七日に箱根へ、さらに伊豆に逃走したとされている。また応永二十四年正月付の「烟田《かまた》幹胤《もとたね》軍忠状《ぐんちゅうじょう》案」(烟田文書)によれば、「去年十月二日鎌倉大乱により、世上違(連)々忩劇の上は、同三日上方佐介《さすけ》(上杉憲基亭)へ御移の間、外門の手として、昼夜宿直《とのい》警固を致す以降、(中略)同六日(鎌倉)前浜(由比が浜)御合戦において太刀打ちいたし、若党松山左近将監疵を被る」と注進している。

禅秀与党

禅秀(氏憲)方となった東国の諸氏は、禅秀の一門、姻戚関係にある下総の千葉兼胤《かねたね》、上野《こうずけ》の岩松満純《みつずみ》、下野《しもつけ》の那須資之《すけゆき》、甲斐《かい》の武田信満《のぶみつ》、常陸の大掾満幹《だいじょうみつもと》等の東国の豪族層であり、さらに奥州の白河・南部《なんぶ》・葛西《かさい》等の諸氏、常陸の山入与義《ともよし》、小田持家《もちいえ》が荷担し、信濃《しなの》・上野・下野・武蔵《むさし》・常陸・相模《さがみ》・伊豆等の国々の国人も禅秀等の方に党したという(渡辺世祐『関東中心足利時代之研究』)。鎌倉府の支配にたいして、東国の中にかなりの矛盾が充満していたであろうことが推測されるのである。

持氏支援を決定す

真相をつかみかねていた幕府はようやく二十九日になって方針を決定したが、これは前日の夕方に、持氏が駿河国に没落し、幕府の支援を求めているという飛脚が到来していたからである。東国の状況を見守っていた義持は、この日ようやく諸大名を召して評《ひょう》定《じょう》を開いたのである。沈黙が続いた会議の中で、義持の叔父の足利満詮《みつあきら》が「武衛（持氏）は御烏帽子《えぼしご》々たり、いかでか見放し申されべけんや、且つまた敵方鎌倉すでに一統の上は、京都へ謀叛を企てること測りがたきものか、そのためにも扶持申せらるべきの条しかるべきかの由」（『看聞日記』十月二十九日条）と意見を申したことにより、義持や諸大名もこの意見に同意し、幕府は駿河守護の今川範政《のりまさ》、越後守護上杉房方《ふさかた》に持氏支援を命じたのであった。

三　足利義嗣の出奔と幕府内の動揺

京中騒動

禅秀等が反乱を起こしたことを知っても、遠い東国の紛争であると「対岸の火事」のような意識で、二十日近くも対策を怠っていた幕府であったが、この「怠惰な対応」を打ち破るような、諸人が仰天するとんでもないことが洛中で勃発した。幕府の方針を決定する評定が行なわれた次の日の三十日、「押小路《おしのこうじ》大納言義嗣《よしつぐ》卿室町殿舎弟、号新御所、今暁逐電せらる。室町殿仰天。京中騒動す。追っ手を懸け尋らるるの間、高尾に隠居遁世と云々」（『看聞日記』）と義持の弟義嗣が洛中を出奔して高雄に遁世したというのである。京中はこの件の風説が充満してたいへんな騒動となり、義持等の幕府首脳にとってまったく「寝耳に水」というような事態となったのである。

義嗣出奔への対応

『看聞日記』によれば十一月二日、義持は義嗣のもとに管領細川満元と近臣の富樫満成《とがしみつなり》を使者として派遣し、帰宅を促したという。また「八幡宮愛染王法雑記《はちまんぐうあいぜんおうほうざつき》」によれば、「富樫・大館《おおだち》両人軍勢を率いてかの在所に向かい、これを守護し奉《たてまつ》る」と、軍勢を率いて高雄に行ったとされている。両史料ともに「京中（都）騒動」と述べているが、三宝院満済《さんぼういんまんさい》は「方々猥雑、但し殊なる事なし」（『満済准后日記』）と素っ気なく記している。義嗣は出家を望んだが、義持等を恐れて「戒師剃手」がいなかったという。義嗣二十三歳であった。五日に義嗣は仁和寺興徳庵《にんなじこうとくあん》に移され、彼を奪還するものが現れるのではないかとの疑念から、侍所別当一色義範《さむらいどころべっとういっしきよしのり》が厳重に警固した。また出家した義嗣近臣の山科教高《やましなのりたか》・嗣教《つぐのり》等は両富樫（満成・満春《みつはる》）に預け置かれたのである。義嗣は九日に相国寺塔頭林光院《しょうこくじたっちゅうりんこういん》に移住させられ、教高等の近臣四人は加賀国への流罪が決まった。

義嗣の野心

義嗣出奔の理由については最初よく分からず、貞成《さだふさ》（『看聞日記』の筆者）は「義嗣の所領が少ないので、このことを義持に訴えたが、取り合ってもらえなかったので、このことを恨んで、野心を企てたのである」との巷の風聞を記録している（『看聞日記』十月三十日条）。だがこのような単純なものではなかった。『鎌倉大草紙』によれば、「鎌倉殿（持氏）と管領（上杉氏憲）中あしくなり、動乱のよし聞えければ、義嗣卿より御帰依《きえ》の禅僧をひそかに鎌倉へ御下し有て、上杉入道禅秀を御かたらひあり」、さらに「京都将軍家の御弟権大納言義嗣卿は、御兄当公方を傾け奉るべきよし、ひそかに思し召し立つ事ありて、便宜の兵を御催し有けり」としているし、また昨年伊勢国司（北畠《きたばたけ》満雅《みつまさ》）が幕府に反旗を翻した時も、密かに満雅と連絡をとっていたという。しかし、義嗣が囚われてしばらくするとようやく真相が知られるようになってきた。『看聞日記』には「押小路亜相《あしょう》（義嗣）叛逆の企露顕、関東謀叛かの亜相所為と云々、山門南都と相語らわる。回《かい》文《ぶん》等寺門より見参に入る」（十二月十六日条）と、関東の禅秀方と連携した反逆（単なる逐電ではない）であると断じているのである。

義嗣近臣への尋問

義嗣や富樫に預け置かれた義嗣近臣の尋問が始まった。彼らの糾問や処置等についで「（山科）教高朝臣糺問の事、管領（細川満元）意見ハ若し白状ニ諸大名四五人も同心申す人あらば、如何せらるべく候や、御討罰御大事たるべし。しかれば、糺問中々無益かの由申す。畠山金吾（満家《みついえ》）意見は、押小路殿（義嗣）野心の条勿論の間、参りて御腹を切らせ申すべしと云々。管領また申す。其も楚忽の儀しかるべからざるの由申す。意見区々未定と云々」と『看聞日記』（十一月九日条）は記している。義嗣等の糾問について、幕府首脳部が懸念を示したのは、義嗣に諸大名が荷担してはいないかということであった。

畠山満家の主張

前管領畠山満家などは、そのようなことになれば面倒だから義嗣等を切腹させてしまえという意見であったし、管領細川満元は糾問を中止しろという主張であった。ここで注目しておきたいことは、幕府の意思決定の仕方である。「意見区々未定」と記されているように、「義持の顔」がみえないことであり、諸大名が喧々諤々《けんけんがくがく》の意見を戦わせて意見を集約しようとしていることである。この当時の意思決定の在り方の一つとして注目しておきたい。

京中の疑惑

幕府首脳の危惧は現実の問題となってきた。『看聞日記』の十一月二十五日の記事には、義嗣近臣の教高・右佐入道（日野）持光《もちみつ》以下三人を流罪にし、途中において誅すると決定したというが、富樫に預け置かれた語阿《ごあ》なる遁世者が武衛（斯波義教《よしのり》）・管領（細川満元）・赤松（義則《よしのり》）等が義嗣に与力したと白状したというのである。管領その人が「義嗣荷担者である」との噂にのぼるというようなよからぬ事態となっていったのである。

禅秀の乱の影響

禅秀の乱が決着した後も、京都政界の内部では疑惑の霧が晴れぬまま時が過ぎていった。

ところが禅秀の乱のほぼ一年半後に洛中に不穏な空気が流れ出した。貞成は応永二十五年（一四一八）六月二日の日記に、諸大名の分国から軍勢がひそかに京都に召されていること、その大名はだれだか分からないが、大名は対応を用意し、義持は用心して御所を固めており、管領細川満元さえも御所の中には入れなかったなどという、世上の噂を記しているのである。そして六日の記述には「世上物言の事、畠山修理大夫《しゅりのだいぶ》（満慶《みつよし》）入道・山名右衛門督（時熙《ときひろ》）入道の身上なり、押小路亜相叛逆に同意の故と云々、土岐与康（康政《やすまさ》）も同意、しかるに與康死去しおわんぬ。子息（持頼《もちより》）同罪により伊勢守護を改めらるべしと云々、所領数か所召し上げられおわんぬ。山名ハ富樫をもって出仕を止めらるるの由仰せ出さると云々」とある。義嗣反逆与同の疑いが畠山満慶・山名時熙にかかり、さらに、同罪で土岐氏は所領数か所を没収され、山名時熙は富樫を通して出仕を止められたというのである。

疑心暗鬼

『看聞日記』に書かれているこれらの事件や噂がすべて事実とも思えないが、京都の政界内部で大名の間に疑心暗鬼が充満していたことは事実であろう。義嗣反逆の荷担者として名前が挙がったのは、斯波、細川、畠山、赤松、山名、土岐等で、幕府を構成する有力者が網羅されているのである。彼らすべてが義嗣に与同したとはとても考えられないが、義嗣逐電が判明したとき、管領等が義嗣反逆に大名が参加しているのではないかと危惧していたことから、幕府内部に何らかの「そのような下地」があったと考えられる。では、「そのような下地」とはどのようなことであったのだろうか。

四　大名の不安と追放

不安定な中での平穏

義持と諸大名との間は、一見すると平穏であった。しかし、禅秀の乱後の政界にみられるように、不安定の中の平穏であったといえる。義持と諸大名との間の緊張関係もあったし、大名間の反目も存在していた。また諸大名と義持近臣との間の確執もあった。突発的に発生したようにみられる義嗣の出奔も、洛中政界の不安定な中での出来事と考えなければならないし、また後に発生する近臣富樫満成の「反逆」事件も同様である。このような事件に近いとおぼしきものも、義嗣出奔以前に起こっている。

斯波・細川氏の処分

応永二十一年（一四一四）六月八日、加賀国守護斯波満種《みつたね》が京都を出奔して高野山に逃れている。理由は不明であるが、義持の怒りに触れたという。加賀国守護職は没収されて近臣の富樫満成・満春に与えられたのである（一一八頁参照）。また、同年の十一月二十九日には、細川宮内少輔《くないのしょう》が、東大寺領を横領した咎で自害させられている。

禅秀の乱が勃発する一年半前、応永二十二年四月十九日の『満済准后日記』に、「出京、今夜洛中猥雑種々荒説これ在り、御所巻在るべき由沙汰と云々、希代の虚説耳を驚かす、無為」とあり、二十日に、満済は義持の御所に行き、十九日の騒動のことを語っている。また二十七日には、畠山満家と赤松義則が会い、互いに無事を賀している。

北畠満雅の討伐

さらに五月九日には、管領細川満元邸に諸大名が寄り合い、「荒説等無為」を祝っている。「御所巻」とは、清水克行氏によれば、諸大名の異議申し立てのことであるという（『室町社会の騒擾と秩序』）。畠山や赤松が関わり、諸大名が寄り合うような「荒説」とは何であったのか。断定はできないが、南朝に心をよせる伊勢国司北畠満雅討伐に関わることでなかったかと推測できる。この年の二月ころ幕府方の唐橋城《からはしじょう》を満雅が攻め落としたことにより、幕府は四月初旬に一色義範を大将として討伐軍を派遣した。東国側の史料である『鎌倉大草紙』に「去年伊勢の国司動乱せしとき、近習のともから、義嗣公をすゝめ申て、ひそかに御謀反を思召立ける。しかれとも勢州ほどなくしつまりければ、力なくこの事思召止めける」とあり、義嗣と北畠の反乱との関わりについて述べているとのが、これが真実かどうかはともかく、伊勢の問題に幕府内部の者が関与しているとの「荒説」が流れたのではなかろうか。このようなことは、義嗣の出奔事件のときの京都政界の状況と同一の構造であり、不安定さを示すものである。

京都政界の不安

応永二十年代に入ると、京都政界の内部は、不安・動揺と陰謀・不信等が渦巻いており、その核となり、政界の台風の目となっていたのは、「野心」を持つ義嗣であったことは疑いのない事実であった。そして、禅秀の乱とその事後処理の中で、義嗣・諸大名・富樫満成等の近臣による不可解な動きが顕現化してくるのである。諸大名の中に、義嗣に連なる隠された何らかの「陰謀」と、権力構想があったであろうことは想像に難くない。応永二十年代前半には、京都政界内部で陰湿な、それも激しい権力闘争が展開されていたものと考えられる。

五　富樫満成の失脚

富樫満成

当時の政界のもう一人の立て役者は富樫満成であった。義嗣反逆に関わった者を預かったのは富樫氏であったが、とくに富樫満成はこの事件の事後処理に深く関与していた。富樫氏は義持が家督を相続すると、将軍との間の申し次ぎの近臣として頭角を現し、諸大名も一目置く存在となっていった。

すでに述べたように称光天皇が即位したおり、「即位調進物」として富樫満成・満春がそれぞれ三〇貫文献上している。さらに応永二十一年（一四一四）六月、斯波義教の従兄弟である満種が幕府から追放されて高野山に逃げ、その領国加賀国を没収されるという事件が起こった。その加賀国を拝領したのが満成と満春であった。満種が追放された理由は不明であるが、富樫両人が何らかの関与をしていたかもしれない。

いずれにしてもこれにより富樫氏は大名の末席に連なったのであった。そして二十三年初冬に義嗣問題が勃発した。この時富樫氏が室町殿義持の使者となり、義嗣と「交渉」し、さらにすでに述べたように義嗣近臣を預かり、糾問・尋問を主導する立場にいたのである。近臣を糾問する過程でさまざまな「白状」なるものが登場してくる。そしてその「白状」に関わる噂は、上記のような有力守護に関わるものであった。義嗣与同者の風聞の出所は推して知るべしである。富樫氏しか考えられない。

義嗣討伐

山名や土岐氏が譴責《けんせき》を受けたとされる半年前の応永二十五年（一四一八）正月二十四日、富樫満成が近臣として権勢を示すことが起こった。それは足利義持の密命を帯びて、義嗣を討ったことである。例によって、早耳の貞成が『看聞日記』（二十五日条）にくわしく記しているのでこれをみてみよう。

義持の密命

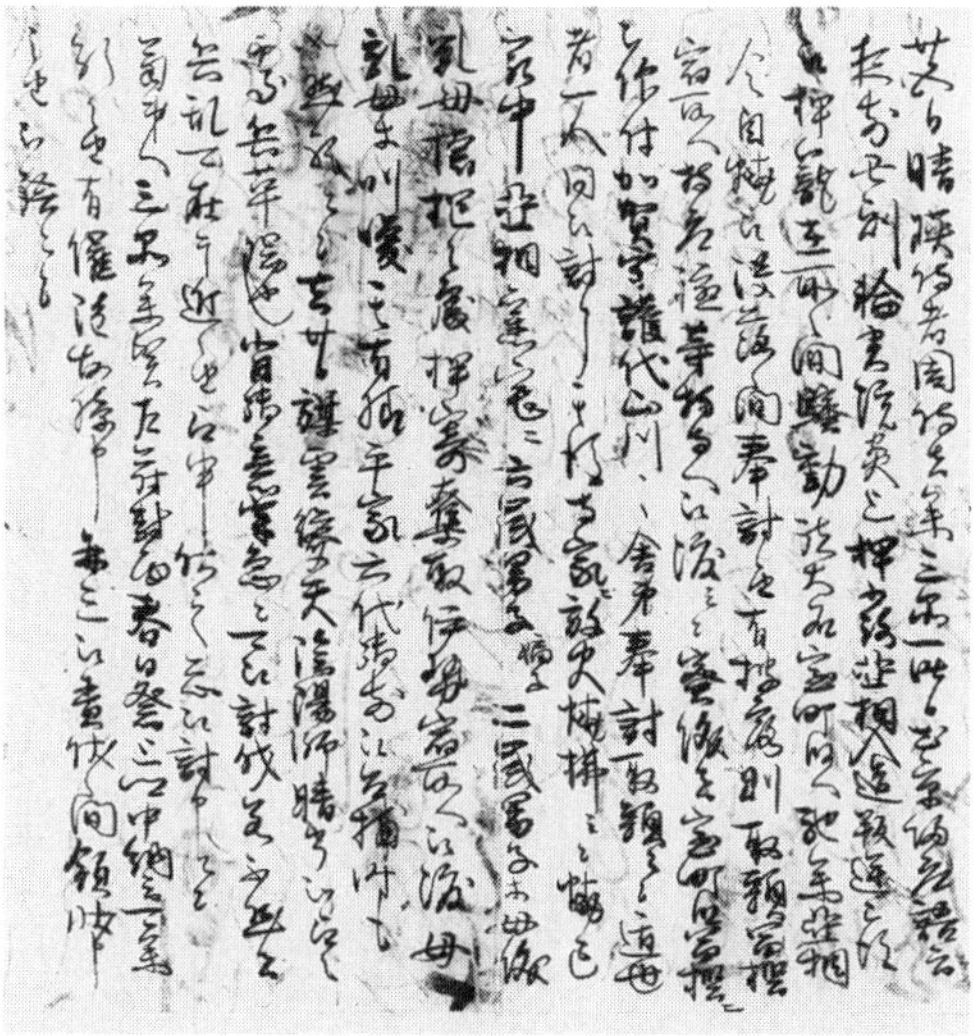

『看聞日記』応永25年正月25日条（宮内庁書陵部蔵）

夜前丑刻《うしのこく》輪（林）光院炎上す。押小路亜相入道叛逆已後押し籠めらるる在所の間騒動す。諸大名室町殿へ馳せ参ず。亜相自焼せしめ没落せらるるの間、討ち奉るの由披露有り。すなわち頸を取り富樫宿所へ持参、やがて等持寺へ渡らると云々。蜜儀は室町殿富樫に仰せ付けられ、加賀守護代山川、、舎弟頸を討ち取り奉ると云々。遁世者一人同じく討たれおわんぬ。その後寺家に放火し焼き払うと云々。

（以下略）

「云々」と書いてあるように、これは貞成が京都から戻った田向経良《つねよし》（応永二十八年に参議となった公卿）から聞いた内容であるが、ここに室町殿（義持）が、富樫満成に密かに命じて義嗣の頸を取らせたといっているのである。他の管領を含む諸大名はまったく知らなかったであろうことを窺わせるものであり、彼らは義嗣の処置に関与していなかったことが知られよう。義嗣の処罰については、事件が起こったとき、諸大名は「意見区々」であり、決定できなかったとすでに述べたが、一年余経過した後、義持は近臣富樫と諮って義嗣の断罪を敢行したのであった。義持と富樫満成との間の深い関係を示していよう。

広がる不安と動揺

そして、半年後には自白にもとづいて、有力守護の一部が、所領を没収されたり、出仕を止められたりする。尋問し、自白を求めたのは預け置かれた場所の当主、富樫氏以外には考えられないから、富樫氏の「謀略」と考えられないこともない。諸大名には義嗣与同のレッテルを張られることを恐れて、不安と動揺が広がっていったに違いないし、また富樫氏にたいする反発も起こってきたに相違ない。

洛中の暗闘

義持が富樫満成に命じて弟義嗣を討った半年後の応永二十五年（一四一八）六月初旬に、不穏な空気が流れ、「畠山修理大夫入道（満慶）と山名右衛門入道（時熙）身上」等につての風聞が洛中に沸き起こったことはすでに述べた。このような噂が洛中に公然と流れていたということは、義持、諸大名、近臣間にかなり深刻な暗闘があったことを窺わせる。はたして、このような風聞の一年半後に大きな事件が起こった。それは富樫満成の失脚である。

富樫満成の失脚は意外と早かった。応永二十六年（一四一九）十一月二十四日に没落する。「富樫兵部大輔（満成）今暁没落と云々、室町殿北野参籠中御突鼻《とっぴ》と云々、近日の権勢傍若無人の処、にわかの儀今更人間不定驚かれおわんぬ」と、貞成は富樫満成の逐電・没落を聞いて、その感想を述べているのである。

『看聞日記』によれば、満成の失脚の理由は、一つは、義嗣に謀反を勧めたのであるが、それが発覚してしまったので誅したこと、もう一つは、義嗣の愛妾林歌局《りんかのつぼね》と密通したことであった。後者の理由はありうるが、前者の理由は、まさに満成が守護層（諸大名）に行なってきた謀略的なことであり、それが逆の形態で自分のところに跳ね返ってきたのである。このようなことが行なわれたかどうか真実は定かではない。単なる風聞の可能性が強いが、そうした風説を流したのは、富樫満成等によって痛め付けられてきた勢力であろう。満成は高野山に逃れ、加賀守護は惣領に預け置かれ、洛中の宿所は細川阿波入道（基之）の子息に与えられたという。

六　寺僧・神人等の武器所持

寺社との対立

洛中の不穏な動きは諸大名に関わるものだけではなかった。寺社に属する「実力集団」の悪僧や神人《じにん》の行動も、義持からみれば許しがたいものであった。義持が禅宗等にたいする信仰が厚かったことは後に述べるが（第九章）、その深い信仰心を逆撫でするような動きをするのが悪僧・神人であった。彼らは、多くの武器を所持して傍若無人な濫妨をほしいままにしていたために、義持との間に多くのトラブルが起こっている。

相国寺の武器没収

『満済准后日記』応永二十三年（一四一六）六月一日条によれば、相国寺の兵具を没収するために、義持が自ら乗り出している。「相国寺々中兵具検知、畠山（満家）内の者共なり、御所様（義持）御出と云々、大塔普請と号して、数百人これを召し具す、俄かに寺中に乱れ入りて捜し求む間、長櫃《ながびつ》二合（二箱）分これを取り出す、希代の事なり」と多くの兵具が没収されたとあり、次の日には、兵具所持の僧侶数十人が捕らわれて、侍所に預け置かれたと記されている。さらに十九日には、侍所が相国寺に乱入して、行者や下部《しもべ》百余人を召し捕ったと述べている。『看聞日記』にも同様な記事があるが、そこには、義持が相国寺に入り、大般若経の転読を行なうといってすべての大衆《だいじゅ》を仏殿に集め、その間に寺中すべてを検知して、三二人の僧を召し捕り、二八人を遠流《おんる》としたとしている。また二十日には侍所一色（義範）が、乱行・漁食を行なっていた僧百四、五十人を召し捕ったとも記している。

相国寺（法堂）

禅寺の武装禁止

このようなことは相国寺だけではなかった。応永二十九年（一四二二）十二月十五日（『看聞日記』）に、義持の命令により、南禅寺の僧侶四八人が侍所に捕らわれ、寺中の兵具をことごとく探し出して侍所が没収したと述べている。この時代に僧侶が武器を所持することは普通のことであったが、義持は禅寺の「武装」を厳しく禁止して、本来の禅寺のあり方を求めているのである。

神人の狼藉

さらに神人が次のような事件を起こしている。『看聞日記』によれば、応永三十一年（一四二四）六月十九日、石清水八幡宮の神人が社務の交替を要求して訴訟を起こし、薬師堂に放火するという狼藉をはたらき、諸大名が警固するというような事態を引き起こした。さらに十月十四日にも八幡神人が嗷訴《ごうそ》を企てた。十一日に石清水八幡宮権別当坊の若党と八幡神人との間で、些細なことから「打擲《ちょうちゃく》（殴りあう）」の騒ぎとなった。神人はこのことについて、因幡堂に参籠していた義持のもとに押しかけて嗷訴したところ、義持より八幡奉行の飯尾《いのお》加賀守に訴訟せよと指示された。ところがその後に義持は、侍所・問注所《もんちゅうじょ》に神人を召し捕るように命令したのであった。このために加賀守の屋敷で戦いとなり、神人の大将は切腹し、二七人、あるいは三七人が打ち殺され、五〇人ほどが手負いとなったという。また幕府側も多数が疵を負ったという（『看聞日記』十月十四日条）。『満済准后日記』にも、二〇〇人の神人が押し寄せ、三〇余人が切り殺され、四九人が召し捕られたことが述べられている。この騒動はほとんど合戦であった。「明徳《めいとく》内野の合戦以来、京中において多くの人打ち殺さるる事これなきか」（十月十四日条）と、明徳の乱以来のこととしているのである。

飲酒禁止令

義持は神人や僧侶に兵具の所持を禁止しただけではなかった。飲酒にも厳しい禁止令を発していた。『看聞日記』や『満済准后日記』等には、彼らにたいする厳しい禁止令が発せられたとの記載が散見される（飲酒禁止令については、清水克行「足利義持の禁酒令について」を参照されたい)。

社会の混乱

義持時代の洛中は基本的には平穏であったといえるが、その平穏の中にそこはかとない不安感が広がっていた。それは諸大名等の諸勢力の間における疑心暗鬼とともに、南北朝動乱期以後大きく勢力を殺がれた寺社勢力内部の一部が、幕府権力との間に確執を起こしていたのである。それが時として社会の表面に混乱と対立として現れたのであり、このような現象は徳政一揆《とくせいいっき》へと繋がっていったのである。

第六　鎌倉公方持氏との抗争

一　禅秀の乱の終息と戦後処理

幕府の鎌倉府支援

禅秀《ぜんしゅう》の乱が勃発するまでの幕府と鎌倉府との関係は、必ずしも良好といえるような状態ではなかったが、幕府側としては両府間の「筋目」を通して持氏を支援するところとなり、さらに「義嗣《よしつぐ》反逆」問題も起こったことにより、駿河《するが》の今川、越後《えちご》の上杉に持《もち》氏《うじ》への援軍を要請するところとなった。

今川範政の書状

応永二十三年（一四一六）十二月二十五日ころに発せられたと思われる駿河国守護今川範《のり》政《まさ》の書状（「結城《ゆうき》古文書写」等）によれば、彼は使者を東国に下し、禅秀の与党を含む諸氏に幕府の意向を伝え、持氏への支援を呼び掛けている。それは禅秀に荷担した者にたいして、「ここに上意御合力の儀をもって、諸人に御教書《みぎょうしょ》をなされ、忠節を致すべきの旨仰せ下さるる刻、（中略）上意厳重に候の間、是よりも重ねて御教書をなされ候。しかるといえども、都鄙の貴命を軽んじて、あながち叛逆の輩に同心致され候は、且つうは先祖譜代忠勤を時に失い、且つうは子孫の後跡を永く他人拝領地に成らるる事」との幕命を伝えているのである。

形勢の転換

幕府の持氏支援が明確になったことにより、足利満隆《みつたか》・持仲《もちなか》・上杉禅秀与党の諸氏からも寝返るものが続出して、東国の形勢は大きく転換する。駿河に逃れていた鎌倉公方《くぼう》足利持氏は、十二月二十三日に駿河を立ち、伊豆三島に陣を敷き、正月には箱根を越えた。一方、越後勢は上野《こうずけ》方面から武蔵《むさし》に軍を進めた。これをみた満隆・禅秀等は正月一日に鎌倉から兵を率いて武蔵に出て、同五日に武蔵南一揆《みなみいっき》・江戸・豊島《としま》等の国人《こくじん》と戦い、いったんは勝利したが、心変りするものも多く、九日に打ち負けて鎌倉に引き返し、十日に満隆・持仲・禅秀は鎌倉雪下《ゆきのした》で自害し、禅秀の乱は終結した。

足利持氏像（瑞泉寺蔵）

禅秀の乱の終結

この報が京都に届いたのは正月十六日夕刻

のことであった（『満済准后日記《まんさいじゅごうにっき》』）。『看聞日記《かんもんにっき》』は「十九日関東より飛脚到来、この間合戦数ケ度、敵方あるいは降参、あるいは討死、去る十一日大将軍新御堂（足利満隆）并《なら》びに一族三人、前管領金吾《きんご》（上杉氏憲《うじのり》〈禅秀〉）以下数十人腹切りおわんぬ。たちまち静謐《せいひつ》に属する由注進と云々」（応永二十四年正月二十一日条）と書いている。

戦後処理

持氏は禅秀の乱に勝利すると、禅秀方に属した諸氏を追及し、徹底的に弾圧し始めた。禅秀の娘婿であった上野国の岩松満純《みつずみ》は、禅秀が鎌倉で切腹したときには本国の上野国にいたが、捕らわれて五月十三日に処刑され、禅秀与党の大物である甲斐の武田信満《のぶみつ》も、持氏に攻められ、二月六日に甲斐国都留《つる》郡《ぐん》木賊山《とくさやま》で自害した。禅秀の娘婿の一人であった千葉兼胤《かねたね》は乱が終息する以前に持氏に降伏している。禅秀の領国であった上総《かずさ》国では国人が上総本一揆と呼ばれる連合体を結成しており、彼らは乱において守護上杉禅秀方に荷担したのである。しかし乱後に持氏に降伏したが、持氏は許さなかった。

京・鎌倉間の溝

持氏の乱後の処理はかなり厳しく、専制的に兵を動かしたことにより、関東各国の国人等との間に矛盾が深まっていった。しかしそれだけではすまず、幕府との間にも深い溝をつくっていった。鎌倉府と幕府との間は従来から、その関係が円滑ではなかったが、持氏の軽挙妄動は両者の間を危機的な形に広げていった。

甲斐守護補任問題

武田信満が持氏によって討たれたことにより、甲斐国の守護を誰にするかということが両府間の大きな問題として起こってきたのである。鎌倉公方持氏は甲斐守護に、逸見《へんみ》有直《ありなお》を据えようとした。しかし幕府は逸見を守護とすることを認めず、信満の弟で乱後高野山に逃れて隠遁していた信元《のぶもと》を陸奥守に任じ、甲斐に入国させて守護としようとしたのである（『鎌倉大草紙』等）。ここから甲斐国は守護職をめぐって混乱が始まってくる。

甲斐国人の抵抗

武田信元は、信満が自害した一年後の応永《おうえい》二十五年（一四一八）二月に甲斐国に下向するのであるが、そのおり、将軍義持は信濃《しなの》国守護小笠原政康《おがさわらまさやす》にたいしてその支援を命じる御内書《ごないしょ》を発している（小笠原文書）。小笠原氏への信元支援の御内書は同年十月二十八日、応永二十六年三月十四日にも発給されている。しかし、信元の入国は必ずしも順調にいったわけではなく、甲斐国の逸見・穴山《あなやま》等の国人が頑強に抵抗した。さらに信元が応永二十八年ころに死去すると、幕府は信満の子信重《のぶしげ》（信元の甥）を守護に任命したが、これも甲斐国の国人を恐れて甲斐に入国せずに、在京のままであるという事態が続いた（この点は後でも触れる）。

常陸国守護補任問題

守護の問題は甲斐だけではなく、常陸《ひたち》国でも深刻であった。常陸守護佐竹義憲《よしのり》の一族である山入与義《ともよし》が禅秀等に与同したことはすでに述べたが、彼は一旦は持氏に降ったものの、常陸国内において与義と義憲との間の相克は続いた。二十八年（一四二一）ころから対立が顕在化し、従来の経緯からして持氏は義憲を支持し、与義は幕府を頼った。幕府は両者の対立の中、与義を守護に補任《ぶにん》した（補任した日時は未詳）。しかし、これに持氏は抵抗した。二十八年四月に義持は持氏に「常陸国守護職の事、佐竹上総入道（与義）に申し付けらるべきの由、度々申し候といえども、いまだその儀なく候。心元なし。所詮早速彼に仰せ付けられ候はば、本意たるべく候」との御内書（本来将軍が出す内々の非公式な文書であったが、次第に公式化していき、義満以後は公的な性格を持つ文書となっていった）を送っており、鎌倉公方持氏は幕府の決定を無視していたのであった。そして次の年の十二月、持氏は上杉憲直《のりなお》等の兵を常陸に派遣して、山入与義一族を誅殺したのであった。

反鎌倉府の動き

持氏のこのような行為にたいしては北関東の諸氏が黙っておらず、常陸から下野《しもつけ》にかけて反鎌倉府の動きが強く現れてきた。この中心となったのは、常陸では佐竹一族の額《ぬか》田《た》秀直《ひでなお》・小栗満重《おぐりみつしげ》等であった。応永三十年に持氏自ら軍を常陸に進めて小栗等の討伐に動き、何とか小栗氏等の反乱を鎮圧したが、さらに下野の宇都宮持綱《もちつな》・桃井宣義《もものいのぶよし》・佐々木基清《もときよ》等との抗争が惹起しており、彼らを征するために下野へも進軍しなければならなかった。関東の各地で燎原の炎のごとく反鎌倉府の動きが止めどなく起こってきており、持氏はこれらを躍起になって鎮圧しようとしていた。このような反鎌倉府の背後には幕府が存在していたことが知られている。

二　両府対立の激化と京都扶持衆

両府対立へ

幕府と鎌倉府の対立は禅秀の乱後の数年は守護職補任等の火種を抱えながらも、表面上は顕現化しなかった。しかし、応永二十九年（一四二二）ころから隠しようのない事態になっていった。幕府側にも問題がないわけではなかったが、やはり大きな原因となったのは、東国の反鎌倉府派にたいする持氏の強硬な姿勢にあった。

持氏の行動と幕府の対応

応永二十九年十二月、持氏が常陸国の山入与義を攻めて自害させたことにより、幕府と鎌倉府の抗争は決定的となっていった。『満済准后日記』応永三十年六月五日条によれば、「関東の儀毎事物忩歟、あまつさえ武蔵国へ進発あるべきの由その聞え有るなり」とあり、続けて関東の使者である正続院院主学海和尚が去年以来在京しているがまだ義持と対面がなく、今日帰国したこと、宇都宮氏にたいして関東の成敗に従わないようにとの御内書を早く下すようにと義持が命じたこと、畠山満慶《みつよし》のもとに足利荘の代官である神保《じんぼ》から注進状《ちゅうしんじょう》が届き、長尾《ながお》氏の情報として、持氏は常陸の小栗を退治するために、武蔵辺まで発向するであろうこと、それゆえ、常陸守護を佐竹刑部大輔《ぎょうぶのたいふ》（山入）佐義《すけよし》（祐義、与義の二男）に宛行《あてが》うこと、甲斐国守護は竹田（武田信重）とすること、この両国は関東進止《しんし》の国であるが、持氏が去年京都扶持衆《ふちしゅう》の山入与義を攻めて切腹させて、その後の関東の振る舞いも重ね重ね不義であるのでこのように決定したこと等を記している。ここには将軍義持の鎌倉公方持氏への不信感が充満していることが知られる。

七月五日、満済は義持に御所に呼び出された。そこで義持の命を受けて管領《かんれい》（畠山満《みつ》家《いえ》）邸にいたり、諸大名を招集し、義持の仰せの趣を述べ、それにたいする諸大名の見解を聞きたいとの義持の要望を伝えたのであった。管領邸に集まった面々は、細川満元《みつもと》、斯波義淳《しばよしあつ》、山名常熙《つねひろ》、赤松満祐《みつすけ》、一色義範《いっしきよしのり》、今川範政《のりまさ》等であり、大内盛見《おおうちもりみ》は病気のために不参であった。当時の幕府を構成している主要なメンバーがこの会議に加わったのであり、東国問題がいかに重要であったか知られよう。

義持の下問

義持の下問は二点あり、第一は持氏が山入与義を討伐しただけでなく、その子息や、京都扶持衆の大丞《だいじょう》（掾）・真壁《まかべ》氏等を退治するために武蔵に進発したことにたいして、関東に使者を下して詰問すると決定したが、持氏がもはや武蔵にいたっているという事態では、このことは無益であるから取りやめたいこと、第二として、京都扶持衆を見捨てることはできないから、今後も扶持を加えるがどうかということであった。諸大名は、第一点については無益であるからもっともであるとし、第二については、関東の京方の者共に御教書を下して扶持すべきであると意見が一致したので、満済はこのことを義持に報告したのであった。またこの日に、宇都宮氏や結城上野介（光秀）に御内書を発し、そして十日には、義持は結城光秀を下野国守護に補任するよう命令した。

全面対立へ

いよいよ幕府と鎌倉府の全面的対立の様相を帯びてきた。七月六日の決定にもとづいて、管領畠山満家は京都扶持衆や鎌倉公方の管轄国と接している諸国の武将に、次々と京都扶持衆支援の御教書・御内書・書状等を下した（渡辺世祐『関東中心足利時代之研究』）。一方、鎌倉公方持氏も北関東の反持氏勢力を討伐するために積極的に軍を進めた。

京都扶持衆討伐

持氏が関東の国人に発した軍忠状によれば、鎌倉府軍は応永三十年六月下旬に下総古河《しもうさこが》に陣を張り、七月上旬に小栗に軍を進めた。京都に来た常陸大丞（掾）からの情報によると、六月二十五日小栗城に大勢が押し寄せ、寄せ手が八〇人ばかり討たれ、守備している城衆は一人討たれただけであるという（『満済准后日記』七月十二日条）。しかし八月二日に小栗城は攻め落とされた。持氏は、さらに真壁や那須に軍を派遣しているのである。

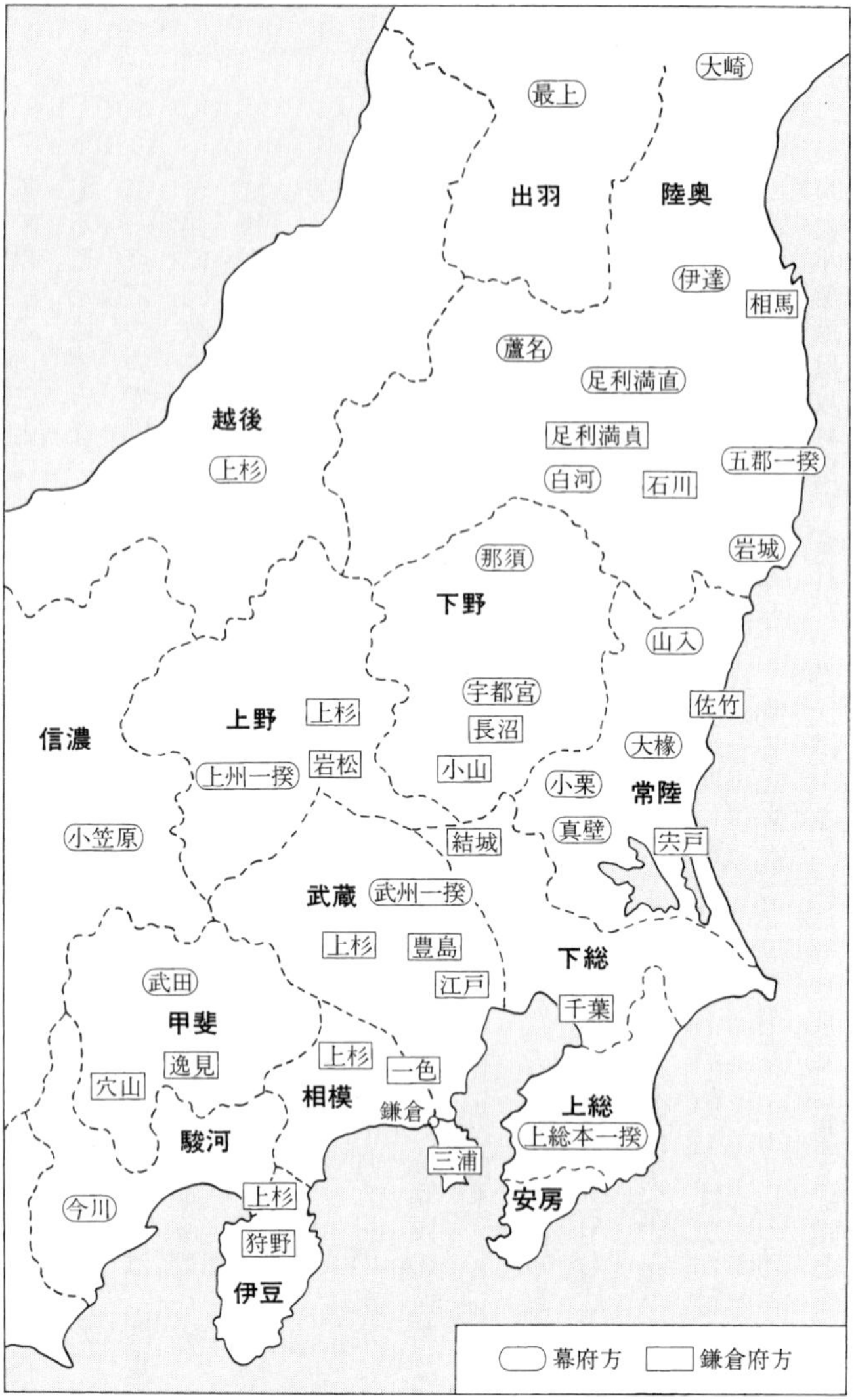

義持時代の関東・奥羽の武士

幕府方，鎌倉府方の区別は時期によって異なるが，これは義持晩期，義教初期の頃のものである．上州一揆・武州一揆は最初鎌倉府方であったが，次第に幕府方となっていった．本図では一応幕府方としてみなしておくこととする．

このように持氏は京都とつながりがある諸氏を次々に討伐し始めていたのである。幕府には関東の緊迫した状況を伝える情報が次々に飛び込んできた。

三　篠川公方と奥羽の情況

支援要請

北関東の京都扶持衆の危機にたいして幕府は、幕府側の境界の地である駿河国今川氏や信濃国の守護小笠原氏、同国の国人に扶持衆の支援を要請するとともに、鎌倉府の支配地の武州一揆・上州一揆等の武蔵・上野の国人の力を借りて持氏を牽制しようとした。管領畠山満家が信濃守護小笠原政康に与えた書状によれば（応永三十年十月十日付）、武州一揆・上州一揆の使者は、信濃軍が臼井《うすい》（碓氷）を越えてきたならば、上州一揆は信州勢を防ぐといって兵を集め、信州勢に加わり、忠節するといっていると述べているのである（小笠原文書）。

篠川公方

幕府が頼りにしたもう一つの勢力は、南奥羽の篠川《ささがわ》公方である。九月二十四日義持は奥州探題《おうしゅうたんだい》大崎氏に御内書を下した（足利将軍御内書并奉書留）。その内容は持氏が我意に任せて扶持衆を攻めているので、佐々川（足利満直《みつただ》）に急いで鎌倉に打ち越すように申し遣わしたから、合力するようにとの命令であった。幕府側は篠川公方満直や奥州探題大崎氏と連携して、鎌倉公方持氏に対抗しようとしていたのである。

奥州の情況

北関東に隣接する奥羽はいかなる情況にあったのであろうか。南北朝動乱期に奥羽で大きな役割を演じた奥州管領制は四分五裂となっていた。このような状況にたいして幕府は奥羽支配の強化を目論んでの処置と思われるが、明徳《めいとく》三年（一三九二）に奥羽二国を鎌倉府の管轄としたのであった。そして応永六年（一三九九）には、鎌倉府はこの奥羽に鎌倉公方満兼《みつかね》の弟満直と満貞《みつさだ》を南奥羽の篠川（福島県郡山《こおりやま》市《し》）・稲村《いなむら》（同須賀川《すかがわ》市《し》）の地に下して、奥羽を支配する要にしたのであった。このため足利満直は篠川公方、満貞は稲村公方と呼ばれている。

篠川・稲村公方

両公方が下向した地域は、反鎌倉府の空気が強く充満している地域であった。禅秀の乱においても「陸奥には篠河殿へ頼申間、蘆名《あしな》盛久《もりひさ》・白川・結城・石川・南部・葛西、海道四郡の者ども、みな同心す」と『鎌倉大草紙』に書いてあるが、ここに挙げられている諸氏がすべて禅秀（上杉氏憲）方になったかどうかは断定できない。しかし残されている史料からは、禅秀側で奮闘している者も多い。そして南奥羽の国人は国人一揆（仙《せん》道《どう》一揆、海道五郡一揆が有名）を結成して、篠川公方を中心とする緩やかな連合体を形成するようになっていた。

両公方の立場

両公方の間に役割・権限分担があったとは考えられず、両者が協力して支配にあたるのが本来の立場であったと思われる。しかし篠川と稲村の地はそれほど隔たっていないにもかかわらず、両公方の関係は次第に隔絶したものになっていった。すなわち、篠川公方満直は次第に幕府方となり、京都扶持衆とよばれるようになっていき、稲村公方満貞は鎌倉府側に立つようになったのである。そして南奥の国人の多くは篠川公方との結び付きを強めていった。稲村公方は劣勢となり、応永末頃には鎌倉に帰ってしまっていた。『鎌倉大草紙』によれば、応永三十一年（一四二四）十一月十一日のことであるとされている。このように南奥羽の主は篠川公方とみられるようになっていた。

幕府と篠川公方

北関東における幕府と鎌倉府のせめぎ合いは、必然的に篠川公方満直の存在が注視されるようになったのである。『満済准后日記』応永三十一年正月二十四日条に、篠川公方と幕府側の交渉の一端がみられる。そこに書かれていることは、細川満元から使者が来ていうことには、昨年冬に奥羽の佐々河（篠川、満済は「佐々河」と記している）殿に御内書を遣わした使者大慶西堂《だいけいさいどう》に従っていた僧侶が上洛したので、その所持してきた書状に書かれていることを義持に知らせていただければ本望であるということであり、その内容は佐々河殿の関東への進発について了承したということと、武蔵・上野白旗一揆《しらはたいっき》（武州・上州一揆）が告文《こうもん》や請文《うけぶみ》をかかげて馳せ参ずるということであった。しかし、幕府と篠川公方との間に微妙な問題も起こってきていた。

陣中より請文を出す

すでに述べたように、幕府は篠川公方に御内書を発して、鎌倉への進軍を命じたのであるが、この義持の御内書にたいして篠川公方は「佐々河殿関東へ進発の事、まず御領掌候なり、すなわち、公方様へ御内書御請申し入らるべきところ、一陣おも召され、その後陣中より請文は進上せらるべく候」（『満済准后日記』応永三十一年正月二十四日条）との態度をとった。本来、御内書や御教書が発せられたとき、受給者は発給者（この場合は義持）に承認・領掌等の回答の申状である請文を出すのが通例であった。ところが篠川公方はこれを出さず、鎌倉に進撃した後に陣中より請文を進上するというのである。まさに異例であったといえる。

篠川公方の思惑

篠川公方が請文を出さなかった理由は具体的にはわからないが、満直にも当然鎌倉公方一族の自尊心が存在していたことは疑いない。それゆえ、将軍との間で上下関係を示す請文の提出を躊躇したとも考えられる。あるいは、御内書の内容と関わり、満直が鎌倉に進軍した後の問題、すなわち鎌倉公方持氏の後任問題が絡んでいたかもしれない。

四　幕府と鎌倉府の和睦

追い詰められた持氏

幕府の持氏にたいする姿勢は強固であった。鎌倉府管轄の国々の周辺国である駿河・信濃・越後や奥羽の諸氏に命令して、鎌倉府を牽制し、また武蔵・上野の国人一揆を味方に付けて持氏を追い詰めていった。ここまでくると強気な持氏も白旗をあげざるをえない事態となってきたのであった。

鎌倉府との和睦

応永三十一年（一四二四）二月三日、関東から誓文（起請文《きしょうもん》）が送られてきた。五日に満済が御所に行くと義持は鎌倉府と和睦しようと決断していた。満済の日記によると、関東からの告文（起請文）は、義持の意向を汲んでいないが（告文の内容は不明）、重ねて誓文を掲げて和睦を懇望しているので、関東と和睦することは差し支えないと、管領畠山満家と細川満元の両人を召して、内々に仰せ出されたというのである（『満済准后日記』二月五日条）。関東との和睦については『看聞日記』、『花営三代記《かえいさんだいき》』にもみられる。義持は和睦の意を関東の使者勝西堂《しょうさいどう》に伝えたことにより、勝西堂は二月十七日に関東に下向していった。

ところがこれで一件落着とは行かなかった。幕府側は当然和睦の条件を使者に持たせたものと考えられるが、鎌倉側の史料である『鎌倉大草紙』では、「条々御とかめの儀、持氏大におとろき給ひ京都にたいし奉り、一切私曲致さず、自今以後は無二忠節を抽んずべき由、告文をもって申し上げらる」として、全面的な降伏状況を示している。しかし『喜連川判鑑《きつれがわはんかがみ》』は、「京都の将軍が上杉禅宗〈秀〉の子憲秋《のりあき》と教朝《のりとも》を抱え置き、関東を妬んでいるので、持氏が憤って京都と鎌倉が水火の相剋になったのである」とし、「これにより、京都より和睦のために使者として照〈勝〉西堂を関東に下したが、持氏は許容せず、照西堂は五月十日に帰京し、九月八日に再度下向して、上杉憲秋兄弟を追放することで和睦が成立した」と、和睦について折衝していることを書いている。渡辺世祐は『関東中心足利時代之研究』で、勝西堂は鎌倉府の使者とした上で、『喜連川判鑑』の内容等が真実に近いのではないかと判断している。たしかに満済の日記によれば、五月晦日に関東の使節として勝西堂が上洛し、六月中に何回か義持と対面し、八月二十二日には関東に下向している。そして、武蔵府中に陣を敷いていた持氏は、十月には鎌倉に帰還している。『満済准后日記』十月十四日条には、「関東陣より今日鎌倉へ御帰りあるべく申さる」とあり、ここで最終的に幕府と鎌倉府の和睦がなったものと考えられる。

残された問題

両府の和睦はなったが、問題が二つ残っていた。それは常陸と甲斐の守護の問題であり、先送りされていた。この問題の決着の仕方は、義持が政策を決定する上で、どのような手続きを経ているのかをみる上で重要であるので、和睦した後における常陸と甲斐の守護の問題を追ってみよう。

常陸・甲斐の守護補任

応永三十二年（一四二五）五月十九日、関東に派遣していた使者の文和《ぶんな》和尚が帰洛した。彼は鎌倉府からの重要な伝言を携えていた。常陸と甲斐の守護の件である。満済は閏六月十一日の日記にそのことを記載している。「御所様（義持）より佐竹刑部大輔（山入祐義）と竹田入道（武田信重）のことについて細川満元と談合せよとの仰せがあったので、管領邸へ赴いたところ、常陸・甲斐守護についての鎌倉殿（持氏）よりの訴えであった」とし、

持氏の申し入れ

持氏の申し入れは常陸国守護について、「佐竹義憲と山入祐義の二人の守護が存在している。祐義は関東にたいして礼をわきまえないことが多く不満であるが、幕府が任命した上は、常陸国を半分に分けて、それぞれを半国守護となして両佐竹が和睦し、鎌倉に出仕させたい」というのが一点であり、甲斐国については「甲斐国は関東進止の国であるにもかかわらず、守護の竹田入道は在京して幕府に奉公している。これで

は甲斐国が関東分国から召し放されたようなものであるから、すぐさま甲斐に在国するようにして、一族の誰か一人を在鎌倉とするように仰せ付けてほしい」というのが第二点であった。

両佐竹の和睦

常陸国守護の問題であるが、『満済准后日記』七月五日条に「佐竹刑部少輔《ぎょうぶのしょう》并びに左《さ》馬助《まのすけ》和睦の事、鎌倉殿より申さるるごとく、御下知あるべき処に佐竹刑部少輔対治のため、鎌倉より里見を常陸国に支向、去年以来これを置かる。所詮この里見を早々召し返さるれば、佐竹両人和睦の事御下知あるべき旨、鹿苑院《ろくおんいん》書状をもって関東明窓《めいそう》和尚へ申し遣わすべき旨仰せらる」とあり、鎌倉府が山入祐義討伐のために常陸に派遣している里見を召し返すという条件で、鎌倉公方持氏の提案通りに、両佐竹の和睦をはかったのであった。

武田信重の甲斐下向拒否

一方、甲斐の問題は武田信重が抵抗したためにやや複雑な経過であった。満済と管領畠山満家が相談したその日に、管領は信重を呼んで鎌倉側の提案通りに処置しようとした。ところが信重は甲斐国内の国人逸見や穴山の勢威を恐れて、甲斐への帰国を欲せず、拒否したのであった。『満済准后日記』八月二十四日条には、義持より参籠している清《せい》和院《わいん》に呼ばれ、参ったところ「甲斐守護竹田刑部大輔下国の事に付き、細河右京大夫《うきょうだいぶ》方へ仰せ談ぜらるる旨これ在り、昨日管領をもって上意の旨を仰せらるるといえども、いまだ達せざる様に思食《おぼしめ》さるなり、罷《まか》り向かいつぶさに相談し申し入るべしと云々」と、義持は管領を通じて武田信重の下国を命令したのであるが、そのことについて、細川満元と協議せよと満済に命じているのである。さらに十二月三日条には甲斐国のことについて、「関東の事に就き管領いささか申す旨これ在り、等持寺において今日披露のところ、管領の意見のごとく仰せらるべしと云々」と、さらに協議を行なっているのであり、この後のことについては不明であるが、結局信重は甲斐に下向しなかったようである（渡辺世祐前掲書）。

五　衆議の尊重

義持の政治手法

甲斐や常陸の守護をめぐる問題の処理の仕方は、義持の政治運営の特質が現れた典型的な形態の一例であるといえる。禅秀の乱の処理や、それ以後の東国問題をめぐる義持の政治は、諸大名（宿老《しゅくろう》・重臣ともいわれている）の評定会議を中核として、その運営がなされていたことが従来からいわれていることである。また案件によっては、管領畠山、前管領細川等の意見にもとづいて（最重要な問題によっては他の諸大名を含み、また満済等が参加している）決定したり、結論を修正したりしており、または自らの意向を彼らに伝え、同意の上で行動していたし、具申された意見にたいして義持が不満を述べたりしている。しかし、義持にとっては、鎌倉府という「強大な権力」と対峙する場合は、一致した支持がどうしても必要であったと考えられる。彼の政治手法は、専制的な形で独断するということは少なかったようにみられ、このような面では衆議を重んじていたといえる。

義持の専制的側面

この時点まで管領等の諸大名と相談しなかったことで知られる大きな事件は、義嗣を近臣富樫満成《とがしみつなり》と諮って殺害したことぐらいである（この殺害も満成が主導的に行なった可能性が大である）。義嗣問題も見方によっては、足利家内部の問題ともいえることであり、当主である義持の専権事項であったともいえる。さらに義嗣の出奔についても不明瞭の点もあり、また禅秀の乱前後の諸大名の動きも不穏なものがあったことにもよろう（義嗣与同の大名が次々噂に挙がるのはきわめて不自然）。このような衆議を重視する義持の政治運営の手法は、義持が死去する段階における継嗣の決定の仕方につながっていくのである。

義持のこのような意思決定の在り方から、室町幕府は守護連合政権とも、あるいは義持の政治は退嬰的であったともいわれている。しかし、すでに述べたように義持も義満と同様に公家層に対しては専制的であり、また後に述べるが、赤松満祐から領国播磨国《はりまのくに》を没収して近臣赤松持貞《もちさだ》に与えようとしたこともかなり専制的であった。さらに寺社本所領保護政策についても強引であったことが知られており、義持は決して弱々しい将軍ではなかった。本来、権力掌握者は専制を目指すのが普遍的なことであるが、義持は専制的姿勢を見せながらも、一方で合議（衆議）を重んじたのは、それなりの理由があったのであろう。むしろこのことこそ注目すべきことである。清水克行氏が指摘しているように、大名の中に「御所巻」というような将軍にたいする異議申し立て慣行が存在していたからであるというのは興味深い指摘である（『室町社会の騒擾と秩序』）。事実、後の赤松持貞事件のときには、諸大名の反対・消極姿勢により、義持の意図は挫折している（第八章を参照されたい）。義持が義満の太上法皇（太上天皇）の尊号を拒否できたのも、諸大名の意向が一致していたからであろう。

合議尊重の理由

専制と合議の両立

さらに相矛盾するような専制と合議を両立させるような要因は鎌倉府にあった。「強大な権力」鎌倉府に対抗するためには、諸大名の合議にもとづく一致した行動が必要であったといえる。鎌倉府や公方持氏が京都政界を一枚岩になさしめていたのである。

六　九州への関心

九州の動向

この当時の東国問題と比較して、九州については義持をはじめとする幕府首脳はあまり関心を示していない。『満済准后日記』等にも九州に関する記述は少ない。義持や満済が注目していたのは、すでに述べたように明・朝鮮の動向であり、「異国来襲」であった。この件と関わって九州探題や有力守護少弐《しょうに》氏が現れてくるのである。征西府《せいせいふ》が滅亡し、九州探題今川了俊《りょうしゅん》を解任して以後、幕府首脳の関心は明や朝鮮の方に向けられてしまったようにみられる。

大内盛見

しかし、西国の雄大内盛見は頻繁に登場する。それは盛見が在京しており、幕府首脳の一人であったからである。しかし、その盛見も領国に下向せざるをえない状況が九州で生まれていた。『看聞日記』応永三十年（一四二三）八月二十四日条によれば、「関東・筑紫兵革蜂起、伊勢国司南方宮を取り申し、義兵を揚ぐ」とあり、北畠満雅《きたばたけみつまさ》が伊勢で挙兵したとき、関東はいうまでもなく、九州でも戦闘が起こっていることを述べて、危機感を示しているのである。これは九州探題渋川《しぶかわ》氏と菊池・少弐氏の争いであるといわれている。『看聞日記』は「そもそも大内、今日西国へ下向、菊地・小弐蜂起合戦難儀の間、暇申し、にわかに下向す」（応永三十二年七月十三日条）と、少弐氏等の追討のために下向したと記述している。そしてその秋には大内が戦果をあげたことが知られる。

九州の状況

東国と比較して、幕府首脳部の九州への関心は低かったが、それでも幕府の出先機関である、九州探題の危機にたいしては黙ってはいられなかったのである。しかし、義持時代には、九州において幕府の足下を脅かすような危機的状況は存在しなかった。

第七　義量の死と将軍空位

一　義量の将軍就任と義持の出家

将軍職を譲る

義持は、家督を継いで十五年、将軍になって三十年経過した応永《おうえい》三十年（一四二三）三月十八日に子義量《よしかず》に将軍職を譲ったのであった。『満済准后日記《まんさいじゅごうにっき》』によれば、三月九日に、同月十八日に義量の将軍宣下を行なうように院に申し入れたという。この年の正月元旦に義持父子は参院・参内《さんだい》しており、また二日に義量は管領《かんれい》畠山満家《みついえ》邸に渡御《とぎょ》し、四日には義持も渡御している。さらに十二日に斯波義淳《しばよしあつ》邸に、二十三日に細川満元《みつもと》邸に父子そろって渡御しているのである。義持は将軍職を義量に委譲するつもりで宿老邸に渡御したのであろう。これらの動きは、義量に将軍職を譲渡する「根回し」ともいえる父子の行動であったともみなされる。将軍宣下の後、十八日に諸大名が、二十日に僧俗が群参して馬・太刀等を進上して祝ったのであった。

義量は応永十四年（一四〇七）七月二十四日に生まれた。母は日野栄子《えいこ》である。二十四年（一四一七）十二月一日に義持が加冠《かかん》して元服し、正五位下右近衛中将に任じられていたが、将軍就任のとき義量は十七歳であった。義持はまだ三十八歳であったが、父義満が義持に将軍職を譲ったように、弱齢の義量を将軍につかせたのであった。しかし実権は義持が握り続けたことはいうまでもないことである。その後、義量は応永三十一年十月十三日に参議に任じられ廟堂《びょうどう》に列したのであった。

飲酒と親子関係

義持が義量を可愛がっていたことは、義持が参詣・参籠《さんろう》、遊覧等に出かけるときに、しばしば義量を伴っていたことから知られる。

足利義量像（鑁阿寺蔵）

義持と義量の親子関係でよく知られているのが、飲酒をめぐる問題である。義持は大酒家であったが、その父親に似たのであろうか、義量も酒を好んだようである。義持は義量の酒量の多さを心配したのであろうか、義量の「大酒はしかるべからず」といって、義量の近臣に、義持の許可なく義量に酒を勧めないというような起請文《きしょうもん》を書かせているのである（『花営三代記《かえいさんだいき》』応永二十八年六月二十五日条）。さらに近臣三六人にたいして「大飲酒を止むべきの由」という起請文も認《したた》めさせている（同二十九日条）。義持の男子は夭折した者がいたかもしれないが、元服した者は義量以外に知られていない。義持にとって、足利家の家督継承者としては、義量がただ一人であることより、心配の種であったであろうことが窺われる。

義持の社寺参詣

将軍職を譲った義持は、三月二十二日に石清水八幡宮および北野社に参詣し、その後伊勢神宮に本年最初の参宮のために下向し、同月二十七日に参詣して、義量が将軍に就任したことを神に報告し、義量の安穏と幕府の安泰を願ったものと思われる。四月二日に伊勢から帰還するとその足で参院したが、ここで後小松《ごこまつ》上皇に義量の将軍宣下の礼を述べたものと思われる。

義持の出家

四月二十五日、義持が将軍職を義量に譲った真の理由が明らかになる事態が起こった。すなわち、この夜に義持は出家したのであった。『満済准后日記』によれば、この日夕方に北野社に参詣の後、等持院《とうじいん》に渡御して出家をとげたという。義持三十八歳であった。剃手は等持院の院主《いんす》恵珙西堂《けいこうさいどう》（道号は元璞）で、釈迦三尊の絵像や夢窓疎石《むそうそせき》、絶海中津《ぜっかいちゅうしん》等の御影（肖像画）の前で出家した。この日に出家することは秘密とされており、護持僧の満済さえ知らなかったのである。後小松上皇や称光《しょうこう》天皇が落髪に反対するので隠密にしたのであるという。この日のうちに出家した義持に会うことができたのは、管領の畠山満家、細川満元、山名時熙《ときひろ》、赤松義則《よしのり》、大内盛見《おおうちもりみ》の五名だけであった。斯波義淳がいないことが注目される。その他の人々は二十七日に謁見したのであった。

出家の理由

出家の後、義持は法名を道詮《どうせん》と号した。義持の出家の理由は、将軍の地位を義量に譲り、俗界から自由の身となって父親義満のように奔放に政治活動をしようとしたと考えられ、また深く信仰している禅の奥義を極めようとしたものとも推測される。

二　義量の死と男子誕生の夢

平穏な日々

将軍職を息子の義量に譲り、出家した義持はこの後、しばしば夫妻で、あるいは義量を伴いながら、頻繁に寺社への参詣・参籠、守護・近臣・公家邸等への渡御を繰り返しており、義持の人生の中でもっとも安穏・平穏な生活を続けた時期であった。長年にわたって緊張関係が続いていた鎌倉府との間も、前述したように次の年応永三十一年（一四二四）の秋には和睦が成立して安心・安堵しているのである。また後小松院との関係も良好であった。ただ、わずかに心配であったのは、称光天皇が病弱であったことと、義量も酒好きで、身体が健康ではなかったことであった。

義量の急死

しかし、義持の心配は杞憂ではなかった。義量が将軍に就任した二年後の応永三十二年二月二十七日に義量は突然死去してしまったのである。十九歳であった。『看聞日記《かんもんにっき》』によれば、この二、三年病気がちであり、種々の祈りを尽くしたが、その甲斐もなかったという。等持院において荼毘《だび》にふされたのであるが、満済もそこに出たいといったところ、義持の「お祈りを勤仕《ごんし》せよ」との命令により、参加を断念している。義量の死が突然であったことにより、洛中には多くの噂が蔓延したが、その噂の中に、義量の死は義持が殺害した義嗣《よしつぐ》の怨霊がなしたものであるとか、石清水《いわしみず》八幡宮の神人《じにん》数十人を殺害したので、その神罰であるとかいうものがあった（『薩戒記《さっかいき》』）。神人殺害については第五章六で触れた。

次期将軍を決めず

義量が死去すると義持はただちに使者を鎌倉府と奥州《おうしゅう》篠川《ささがわ》御所にたてて、それを知らせた（『満済准后日記』応永三十二年三月三日条）。次期将軍について、『看聞日記』は、「室町殿には今は将軍となる人躰が欠如し一子もいない」と述べ、どうなるのかと皆が注目していたが、天下の人々の期待は裏切られ、義持は次の将軍を決定せずに空白のままにしておいたのであった。そして自らは出家のまま従来通りの活動を続けたのであった。義持の胸中を去来したのはいかなる意識であったのであろうか。

男子出生の願い

義量が死去した後の義持の胸中を窺う史料は多くはないが、断片的な中から知られることは、義持は次期将軍となる男子誕生を強く望んでいたことである。『看聞日記』の筆者である伏見宮貞成《ふしみのみやさだふさ》が関わったとされている『粉河寺続験記《こがわでらしょくげんき》』に四つの願文が収められている。その願文は、尊氏《たかうじ》の母上杉清子《きよこ》、尊氏、義持、義教《よしのり》のものである。義持は義量が死去した一年後の応永三十三年（一四二六）に、粉河観音に戸帳《とちょう》（神仏の厨子《ずし》等の上に垂れる小さな帳《とばり》）を奉納して願文を掲げている。上杉清子のものは粉河寺観音の霊験《れいげん》により尊氏が誕生したことについてであり、義教も永享《えいきょう》三年（一四三一）に、粉河観音に戸帳を奉納したのであるが、それは「男子出生」の願いであり、尊氏将軍の時の佳例を追ったものであったという（『看聞日記』永享三年十月三十日条）。その佳例は尊氏が死去した延文《えんぶん》三年（一三五八）の義満の生誕のことであるとされている（高岸輝『室町王権と絵画』）。

このような例からみると、義持も男子誕生を強く願って戸帳を奉納したとみなすのが自然である。『満済准后日記』（四月三日条）にこれに関する記載がある。それによると、義持は粉河観音に戸帳を尊氏の時の例に任せて奉納しようとした。そのとき「戸帳御願

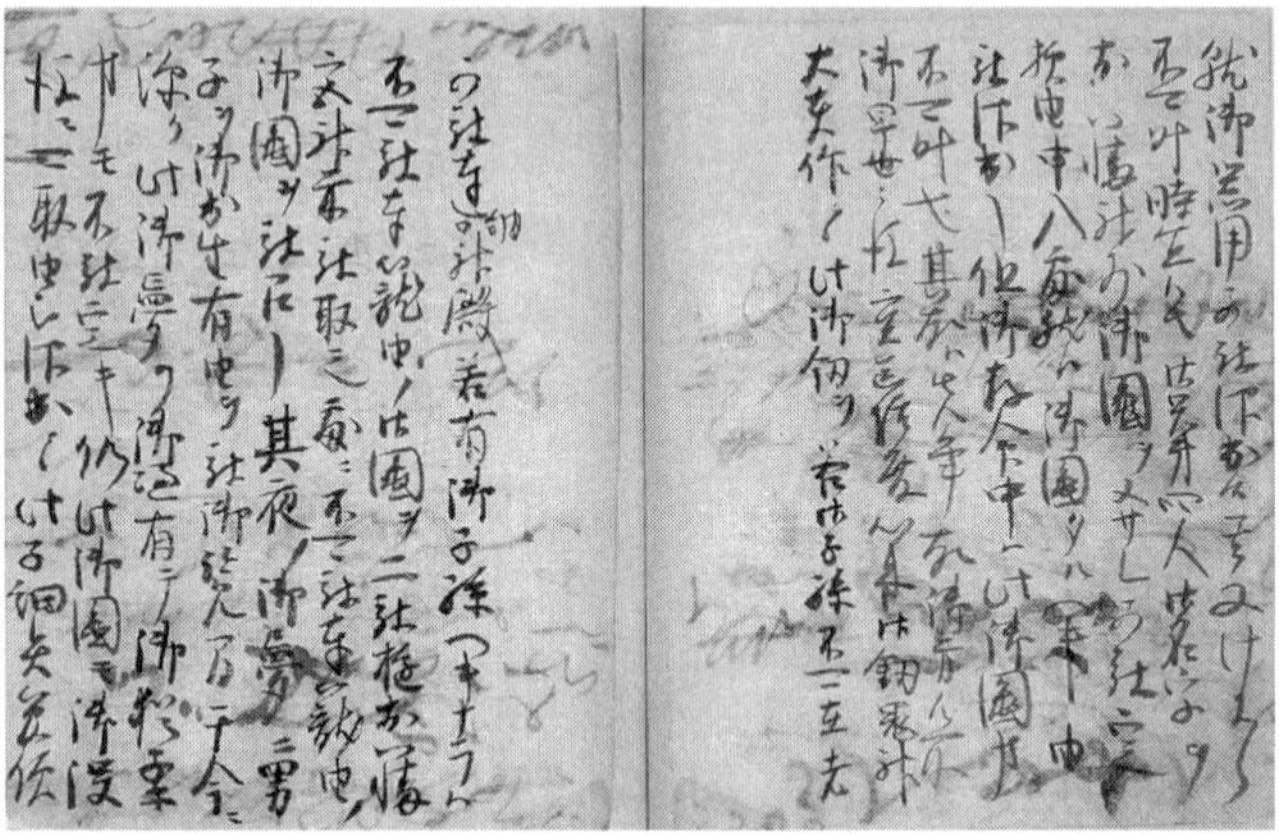

『満済准后日記』応永35年正月17日条（醍醐寺蔵）

旨趣」が問題となり、耕雲《こううん》（歌人、花山院長親《かざんいんながちか》、連歌等を通して義持と親交があった）に尊氏の戸帳を先例として「御願詞」（尊氏のときの「御願詞」は玄恵法印《げんえほういん》が書いた）を書くように命令しているのである。疑いもなく「男子生誕」の願望であったといえる。

もう一つ史料が存在している。義持が死去する直前に「くじで後継者を決定しようとした」諸大名・宿老にたいして、くじでの決定そのものは了承しながらも、自分が閉眼するまでくじを開くことを禁止した義持の意向の中にも「男子誕生」を願ってきたことが示されている。義持は「先年故御方御所（義量）御早世の後、宝篋院殿《ほうきょういんでん》（義詮《よしあきら》）以来の御剣、鬼神大夫の作と云々、この御剣をもし御子孫あるべからずんば、神殿に奉納せらるべし、もし御子孫あるべきならば、籠め奉《たてまつ》らるべからざるの由の御鬮を二つ遊ばされ、八幡宮神前においてこれを取らるるの処に、籠め奉らるべからざるの由の御鬮を召されおわんぬ、その夜の御夢に男子を御出生ある由を御覧ぜらるる間、今に深くこの御夢を御憑ありて御猶子《ゆうし》等の事も定められざりき、よってこの御鬮も御没後に取るべき由」(『満済准后日記』応永三十五年正月十七日条)と述べたという。

義持のこの末期の言葉によると、義量が死去した後に、後継者の男子が誕生するかどうかを八幡宮の神前で占ったという。占いの方法は、家宝の鬼神大夫という剣を子孫が出生しなければ奉納するというものであった。くじを引いたところ男子出生という神慮となり、その夜男子誕生の夢をみたというのである。このようにことがあったから今まで家督相続者を決定しなかったのである。だから、自分が生きている間にくじで兄弟の中から後継者を決定すれば、二度も神に伺うことになり、先の神慮に反するというのである。

以上のようなことから、義持は神慮や奉納願文等を頼りに、あくまでも自分の子供の中の男子から家督相続者を選ぼうとしていたのである。それゆえに、将軍の地位を空位にしておいたのであるが、その夢はかなわなかった。

三　将軍の空位

将軍不在

義持は義量が没した後、自分が死ぬまで新しい将軍をたてなかった。将軍が不在であったことについて、当時の支配者層内部に大きな批判や疑義は見当たらず、容認していたようにみられる。義持の男子が見当たらず、また前将軍義持が健在であることより、政治の世界ではそれほど不都合はなく、大きな問題にはならなかったといえる。

将軍観念

しかし人々が将軍不在を容認したのは、義持の存命や彼の男子がいないという現実からだけではなく、将軍に関わる観念の存在もあった。本来征夷大将軍が空位ならば、幕府にとってきわめて不都合のはずである。しかし、この件に関して幕府側も朝廷もあまり意に介していないようであった。なぜ前将軍が存在すれば、観念の上でも将軍の空位が許容されたのであろうか。

家督の存在

この当時における義持への呼称はどのようなものであったかといえば、満済は御所様・室町殿あるいは公方様《くぼうさま》と呼んでいる。『看聞日記』の筆者である貞成は室町殿を一貫して使用している。また、朝鮮使節宋希璟《きけい》は義持のことを、当時の人々は御所と呼んでいるといっている。このように御所・室町殿・公方というように言い方は異なっているが、それは「室町（足利）御所」・「室町（足利）殿」・「室町（足利）公方」のことであり、足利家の家督掌握者を指しているのである。御所等の呼称は将軍そのものだけを示しているのではなく、「足利将軍家の当主」を指しているということができる。すなわち、将軍家を掌握している人物こそが至高の権力者であるという観念が定着してきており、将軍家の家督の存在こそがもっとも重要と認識されていたのであり、その将軍家の家督が健在であれば、公的な地位である将軍不在を容認できたのである。この点について、将軍が現存しているが、将軍とは名ばかりのときも同様である。

実権なき将軍

室町幕府においてこのような事態となった例は何回かみられる。義満が幼少のおり、管領細川頼之《よりゆき》が政務を代行したときからそのような状況がみられるし、また嘉吉《かきつ》の乱で義教が赤松満祐《みつすけ》に殺害され、その後に幼少の義勝《よしかつ》が将軍となったが、このときも管領が「御所（公方）」の立場を代行している。しかしもっとも典型的なのは義満が義持に将軍職を譲り、北山殿と呼ばれるようになったときである。実権のまったくない将軍が存在し、「前将軍」で「前太政大臣」の義満が北山殿《きたやまどの》として専権を振るった政治の形態は、支配者内部において、公的な地位である征夷大将軍の権力・権威等の観念・意識を極端にぼやけさせ、地位を低くしてしまったといえるのである。義持が義量に将軍を委譲したのは、義満にならったものであり、義量の死によって生じた将軍不在は、将軍にたいする「あいまいな」意識をさらに深化させたものと考えられる。

家督の観念的権威

当時の「家」「家門」の当主（家督継承者）は、公的に与えられた官職・地位や所領等を引き継ぐだけでなく、その家に伝わる伝統的な芸能・技能・文化等や先祖伝来の日記等を相伝したり、所持したりし、さらに付与されている観念的な権威をも継承したりするのである。当然そこには家が継承する官職と、他のものが分離する場合もおこる。そのような例の一つが、足利家の家督と将軍職の間にみられるのである。

相続者の条件

では、足利家の家督を継承し、御所・室町殿・公方と呼ばれるためにはどのような条件が必要であったのであろうか。そこには条件が一つ存在した。征夷大将軍を経なければ足利家の家督相続者になれなかったことである。将軍に就き、その地位を経た上で御所・室町殿・公方となるのである（将軍と御所・公方が一体であるのが普通であるが、分離していることも当然ありえる）。このような権力形態は、中世においては珍しいものではなかった。たとえば鎌倉時代において、北条氏の家督掌握者である得宗《とくそう》は鎌倉幕府の執権を経ており、鎌倉後半期の得宗専制政治を導いているのである。天皇家も同様である。天皇を退位した後に、天皇家の家督掌握者として院（治天《ちてん》の君）となり院庁《いんのちょう》を開き、院政を行なったのもまったく同じ形態であるといえる。室町時代の義満や義持も同じような形で政治を行なったのである。

しかし、将軍を経ないで御所等になった例外もある。義持が死去した後、「くじ引き」で将軍となった義宣（義教）が法躰で家督を継ぎ、法躰のために相続後に一年四か月にわたって将軍宣下がなされなかったときのことである。将軍宣下がなされないことを杞憂した満済にたいして、万里小路時房《までのこうじときふさ》は「たとえ官位御昇進ありといえども、天下用い申さずんば正体あるべからず、今一天下の人叙用の上は、官位の遅々一年を送るといえども、何事かあらんや」（『建内記《けんないき》』正長《しょうちょう》元年正月十九日条）と、官位（将軍）に就いても天下の人々が家督相続を認めないならば（御所・公方・室町殿として）実体を持たないが、人々が義教を足利家の家督相続者として認めているので、将軍宣下が一年ぐらい伸びても（御所・公方・室町殿として）支障がないのではないかと論じているのである。人々が足利家の家督相続者と認めるかどうかという点が重要であることを示している。その後将軍宣下までの一年四か月間将軍空位であったが、義宣（義教）は御所・室町殿・公方として存在するのである。

家督中心の政治秩序

義量が死去した後の将軍の空位は、当時の人々にとっては異常事態と認識するような状況ではなかったのである。足利家の家督を掌握している御所（公方）さえ存在していればそれほど不都合ではなく、この御所（公方）を中心に政治秩序が形成されていたのである。

第八　義持晩年に起こった問題

一　皇位継承問題

1　天皇・上皇父子の相克

皇位継承問題

義持の晩年に深刻な問題が顕在化してきていた。それは皇位をめぐる問題であり、皇位継承の不安定さが露見してきたのである。時の天皇である称光《しょうこう》天皇は病弱であり、継嗣を儲けていなかった。皇位を継承するべき適任の男子が不在と思われるような状態に至ったのである。義持はこの問題にも対応を迫られたのであった。

称光天皇の行状

称光天皇の行ないには、治天《ちてん》の後小松《ごこまつ》上皇も、足利義持も頭を痛めるものが多々存在した。例えば、『看聞日記《かんもんにっき》』によれば、称光は太刀・刀や弓の扱いを好み、それをもてあそぶことに大変に拘泥し、金の鞭で近臣・官女等を打ちすえるということで、義持が仙洞《せんとう》に苦情をいったり（応永《おうえい》二十三年六月十九日条）、天皇の近くに仕えていた内侍《ないし》が妊娠したのであるが、称光は自分の子供ではない、崇光院《すこういん》流の貞成《さだふさ》（後の伏見宮《ふしみのみや》）との間にできた子だと騒ぎ回ったりしたのである。これが後小松の耳に入り、義持にこの件を伝えたとみられている。義持は少し調べたようであるが、これはまったく事実無根として処理してしまっているのである（応永二十五年七月十四～十九日条）。

病弱な天皇

また称光は体が弱く、当時の公家の日記には「禁裏御不予」（天皇の病気）の記載が多い。例えば、応永二十九年（一四二二）四月の半ばより、体調を崩していた称光は六月になるとますます病気が進行し、後小松上皇は、次期後継のこともあったのであろう、義持に天皇重病の件を女房奉書《にょうぼうほうしょ》で伝えたりしたため、七日には伝奏広橋兼宣《てんそうひろはしかねのぶ》は内裏、仙洞、室町殿を三回も行き来しなければならなかった。この天皇の「御不予」は十月頃まで続くのであった。

称光天皇が病弱で、継承の皇子がなく、奇異な行動をとっているからであろうか、後小松上皇は天皇の弟である小川宮《おがわのみや》を東宮（皇太子）にしてしまった（『薩戒記《さつかいき》』に「儲君《もうけのきみ》」とある）。しかし、この小川宮も異様な性格であることが伝えられている。また兄弟仲が悪かったことにもよるが、弟を東宮《とうぐう》にしたことは、まだ子供ができる可能性が存在する称光としては不満であったらしく、もともとしっくりしていなかった上皇と天皇の関係がおかしくなってしまった。

後継者不在

上皇は天皇との関係を悩んだのであろうか、出家すると言い出し、義持がそれを押し止めているとき、その小川宮が応永三十二年（一四二五）二月十六日に頓死してしまうのである。二十二歳であった。普段は健康でどこもおかしなところがなかったので、毒殺ではないかとの噂がたった。真相は不明であるが、たぶん病死であったであろう。これにより上皇の出家騒ぎもどこかに飛んでしまった。さらに悪いことに同じ月の二十七日には将軍の足利義量《よしかず》が十九歳で死去してしまうのであった（この件については前述した）。『薩戒記』によれば、義嗣《よしつぐ》の怨霊がなせるわざとの噂が流布していた。朝廷も幕府も、天皇・将軍の後継者が不在となるという異常事態が出現したのであり、仙洞と室町殿が密接な連絡を取り合わざるをえない状況となったことはいうまでもない。

退位の企て

さらにこの年の六月、称光は父後小松に反発して退位を企てるという行動に出たので、仙洞・室町殿を巻き込んだ大混乱にいたるのである。この事件については『薩戒記』が詳細に記している。二十七日の記載によると、「近日、主上（称光天皇）・上皇（後小松）御中不快」であるとし、その理由は、天皇が琵琶法師を招いて、内裏において平家物語を聞こうとしたのであるが、上皇が天皇のそのような行為を前例がないと反対したことから始まった。上皇のこの指示に反発した天皇は、仙洞でもさまざまに先例がないことを行なっているのではないかと、「下劣」な身分の者を昇殿《しょうでん》させていると事実を挙げて反論し、「院中において、先例なき題目（事柄）はことごとく停止せらるべきなり」と、使者の万里小路《までのこうじ》時房《ときふさ》に怒鳴りつけたのであった。そしてさらに気の収まらない天皇は、「帝位についていますが、一事も院（上皇）の御心に叶わず、ことに禁中が窮迫して致し方ない上は、在位にまったく執心しません。国の事はしかるべき様に御計らいください。我が身においては、天皇の位を辞し申します」との書面を上皇に送り付けたのであった。

次の日、称光天皇は深夜密かに内裏を出奔しようとした。これを聞いた上皇は、北野社に参籠《さんろう》していた義持に緊急の事態を伝えた。義持はすぐさま内裏に参上して天皇に子細を尋ねたのである。上皇、天皇、義持の緊迫した、また一面苦笑が出てくるような動きを『薩戒記』は「禅門（義持）参内し子細を尋ね申さる。主上（称光天皇）仰せらるるの旨等有り、入道（義持）殿即参院し、その旨を奏せらる。院（後小松上皇）より御書を内（天皇）にまいらさる。入道殿これを持参せしめたまう。すなわち（天皇の）勅答あり、入道殿また院に持ち参らる。此のごとき間出御の儀なしと云々」と、義持が天皇と上皇の間を行き来して、両者の和睦をはかっている事態を伝えている。義持はまさにメッセンジャーの役割を演じているのである。義持が王権を掌握しているなどと考えるにはほど遠い行動・イメージである。

中山定親の困惑

『薩戒記』の筆者中山定親《なかやまさだちか》はさらに続けて、「事の子細について人は知らないけれど、公務について天皇の意向が反映されないので、院政の辞退を求めているとか、また貞成親王が伏見宮として上皇の猶子《ゆうし》（養子）になることを恨んでいるとかさまざまに人々は噂している」と困惑して記録しているのである。義持はこれ以後、連日院参・参内して両者の斡旋を行なっており、最終的には上皇が「諸事を叡慮（天皇の意向）に任せるが、自分も院政を続ける」との言辞を天皇に与えて、この一件は落着したのであった。

2　主上の重態

称光天皇、重態となる

上皇と天皇の間を義持が苦労して取り持ったにもかかわらず、一か月後にまたまた大変なことが起こった。称光天皇が重態に陥ったのである。応永三十二年（一四二五）七月二十五日に「主上御悩」「すでに絶え入りたまう」等の噂がとんだことにより、義持、『薩戒記』の筆者中山定親等は慌てて参内したが、やや持ち直したということであった。次の日、二十六日は参議であった中山定親にとっては忙しい日であった。当番で院参していた定親は、病魔回復を願って二十八日に行なわれる泰山府君祭《たいざんふくんさい》・召魂祭《しょうこんさい》等のための陰陽師の人選、都状、宗廟に献ずる御願書の調整・準備のために、上皇と義持等の間を駆け巡り、四回も院参、退出を繰り返したのであった。

皇位問題への関与

このときまたまた義持が連日院参・参内して皇位問題に積極的に関わっている。二十七日には人々が参内したが、義持は三回も参内し、一昨年の病気のおり、治療した寿阿《じゅあ》弥《み》という医師も伴っていたという。二十八日にまた義持は参内し、夜に定親等の公卿《くぎょう》は臨終が近いということで天皇が伏している黒戸に参って「龍顔《りょうがん》（天皇の顔）」を拝見し、諸人嗚咽に咽んだのであった。二十九日、重態であるにもかかわらず、天皇から定親に「院号定《いんごうさだめ》」を行なうから参陣せよとの命令があったので、行ってみると二位殿（称光天皇の母、日野西資子《すけこ》）の院号宣下のことであった。称光は死を予期して、残される母に「親孝行」をしたかったのであろうか。天皇より、義持に資子に「院号」を与えるようにとの仰せがあったので、義持は天皇の意を受けて後小松上皇にそのことを伝えたところ、後

父子の確執

小松は、「率爾《そつじ》（軽率な行ない）」であると難色を示して同意しなかった。ここでもまた父子の確執が起こったのである。義持はこれを聞いて、仰せはもっともであるが、「勅定

（天皇の命令）」について異議を申したならば、天皇の御心に違うことになるから、まげて院号をお願いしたいと説得して、資子に准三后《じゅさんごう》の宣下をし、光範門院《こうはんもんいん》と定めたのであった。

後小松上皇の指示

八月一日になると、天皇はさらに重篤となり、前日に光範門院となった母の資子は天皇の側を離れなかった。この日も義持が参内してきた。何やら密談があったようであるが、すぐに退出したのであった。「主上もし御事（死去）あらば、その間の事申し沙汰すべきの由院の仰せあり」と定親は日記（『薩戒記』）に記しており、天皇が死去した後の処置を後小松上皇が指示していたのであった。それは広橋兼宣がうけたまわったもので、定親が聞き及んだもっとも主要なものは以下のとおりであった。

一、主上御事切れおわらば、まず新帝の沙汰あるべからず、すなわち太上天皇の追号をなすべし、これ天皇崩御の時御葬礼巳下は末代叶うべからざる故也、またはいまだ御事切れざる以前に新帝を定めらるべきの事、しかれども、暫くなお思しめし煩わる、その故は主上この事により日ごろ御憤りあるなり当時院・内共に宮は御坐せず、貞成親王、去るころ入道し給う、御子一人御坐の由風聞す、もしくは、この宮をもって思しめし定めらるるかと云々、称光天皇が死去した場合、まず太上天皇（上皇）の追号を送ることが先決で、新天皇の決定はその後としている。それは天皇崩御の葬礼を行なうべきではないとするからである（死去直後に上皇にしてしまえば、上皇として葬礼を行なうことができるから）。さもなければ、死去する以前に新帝を決定しておくべきであるが（こうすれば天皇が死去する以前に譲位したことになる）、この件について上皇は躊躇しており、その理由は、天皇が新帝を決めることについて日ごろたいへん憤っていたことによるとされている。さらに定親は重要な噂を書き留めている。それは、当時院にも内裏にも宮（親王）はいないので、上皇は伏見宮貞成親王の子を新帝に擁立しようとしているのではないかとの噂があったというのである。

上皇追号を先とする

彦仁擁立の噂

義持も葬式の準備に忙しかった。「御葬送路のため五条河原に浮き橋を渡すと云々、これ入道内相府（義持）の命と云々」と、洛中に穢が及ばないために、洛外で行なう称光の葬儀の準備を始めたのであった。ところが、次の日の二日、重態だと思われていた称光の様態が、快方に向かい、五日ころまでにきわめて軽快し、ほぼ全快してしまったのである。邪気（風邪）であったという説がもっぱらであった。てんやわんやの大騒ぎの末に一件落着したのであった。しかし、称光は今回は何とか回復したが、この三年後の正長《しょうちょう》元（応永三十五）年（一四二八）七月に死去したのであった。またその七か月以前の一

称光天皇、全快する

月に義持も死没しているのである。

三者の動き

上皇、天皇、義持の三者をめぐる以上のような動きを、当時の王権や室町期国家の在り方からどのようにみるべきであろうか。このような三者の行動の大前提として、第一に天皇に継子が存在せず、また後小松上皇の第二皇子も死去して、皇位継承者が不在であることより、皇統継続が危機的状況に陥っていることである。第二として、この時期幕府の将軍も欠けていたということである。結果的には皇統は崇光院《すこういん》流の彦仁《ひこひと》が後花園《ごはなぞの》天皇として即位し、将軍は義持の弟である義教《よしのり》が補任《ぶにん》されたことにより、いずれも危機を乗り切ったのであるが、この段階においては両者共に深い危機を抱えていたのである。

義持が選択した立場

義持はこのような自らの足下が不安定な状況の中で、皇統を守り、維持していくために最大限の努力を傾けているのである。父義満は強烈な公家意識を持ち、「上皇の待遇」を受けようとした行動に示されるように、天皇家と一体となることによって、「日本国王」となろうとした。しかし義持は父と異なる選択をした。義持は朝廷の公卿世界で内大臣以上になることを辞退していたし、ましてや天皇家との一体化を進めるために、上皇の待遇を要望したり、自分の子息を親王になぞらえるというようなことはしなかった。彼の尽力は第三者の立場に立っての皇統維持を目指すものであった。すなわち第三者とは武門の棟梁、幕府の統率者のことである。

義持の武門意識

管領を重んじる

たしかに当時の公家は、内大臣を辞任し、出家した後の義持のことを「入道内相《ないしよう》国《こく》」などと呼んでいるが、義持の公・武に対する意識は武の方が強かった。満済《まんさい》はこのころの義持を室町殿あるいは公方様、または御所様と日記に記している。義持が死去した後のことであるが、万里小路時房は三宝院満済、勧修寺経興《かじゆうじつねおき》との間で話したこととして、義満、義持、義教の公家・武家に対する彼らの意識について記述している。それは盃酌《はいしやく》の礼についてであるが、満済が言うことには、義持は御飲の後、まず一献の盃を管領《かんれい》に賜い、次の二献の盃を公家に与えたといい、義教は第一が公家、第二が管領であるという。さらに義満のときは公家が先であり、大名に礼が厚かったが、しかし公家の上に武家を置くことはなかったという。一方、義持は公家よりも管領を重んじたと述べているのである（『建内記《けんないき》』正長元年六月二十日条）。ここに義持の公・武に対する意識が如実に表れているといえる。義持の意識の深層には強く武門意識が存在しており、有力な学説の一つとなっている、義満のような王権の「簒奪《さんだつ》」は考えてもいなかったであろう。

公武協調の国家体制

上述の三者の動きから、当時の国家や王権の構造を見て取ることができる。それは公武の協調による国家体制であり、天皇（王）を中核にし、院と武門の棟梁によって支えられる王権と国家が存在していたということである。その中核たる王を失うことは、武門にとってもたいへんな危機であった。そのため義持は早い段階から次の天皇について考え、検討していたことが窺える。この点は後小松上皇も同様であった。

貞成への意識

義持は次期天皇とみなして、しばしば天皇弟（儲君）の小川宮のもとを訪れているが、その小川宮が頓死すると、小川宮に男子はおらず、称光天皇の体調からみて皇子の誕生は絶望的であると判断していたことにより、必然的に崇光院流の伏見宮貞成に目が向くようになっていった。だが実は崇光院流の存続も危ぶまれる状況にあった。なぜならば、崇光院流でも残されている男子は貞成のみであったのである（異母兄弟が僧籍に入っていた）。貞成がようやく元服したのは応永十八年（一四一一）のことであり、四十歳になっていた。父親の伏見宮栄仁《よしひと》親王が没したのは貞成四十五歳の応永二十三年（一四一六）十一月のことであった。家を継いだのは同母兄の治仁《はるひと》であったが、その兄も次の年の二月十一日に突然死去してしまった。この件でも貞成が毒殺したのではないかとの噂がたったが、貞成が伏見宮家を継承し、噂を強く否定して時は過ぎていった。このように崇光院流に残った男子は貞成のみとなっていたのである。その貞成に継子が生まれたのは、応永二十六

彦仁の誕生

年（一四一九）になってからであった。その子供は彦仁（後の後花園天皇）といったが、ここに

ようやく伏見宮家の継承者が誕生したのである。そして貞成が親王宣下を受けるのは五十四歳になった応永三十二年（一四二五）四月のことであり、儲君であった小川宮が他界した二か月後で、称光が重態となり、また回復する三か月余前のことであった。

後花園天皇像（大応寺蔵）

次期天皇の行方

伏見宮家をめぐっては、義持がすでに応永二十五年（一四一八）に貞成に男子の宮が存在するかどうかを広橋兼宣に問うている。その理由は皇位継承問題ではなく、青蓮院《しょうれんいん》（義円《ぎえん》、後の義教）にも御室《おむろ》（永助法親王《えいじょほっしんのう》）にも弟子がいないから、その弟子にするために尋ねたというものであったが（『看聞日記』六月六日条）、応永二十九年（一四二二）になると義持は、皇位継承を念頭に置きながら、貞成の子彦仁について年齢等を具体的に尋ねているのである（同八月五日条）。これ以前のこの年の六月、天皇はかなり重い病気にかかり、義持は何度も参内しているから（『兼宣公記《かねのぶこうき》』応永二十九年六月七日条）、彦仁の年齢等を尋ねたのであろう。後小松上皇も、小川宮が頓死した後は、この彦仁を称光天皇の継承者にと考えていた。このことが父子確執を生んだのであるが、称光が危篤に陥ったとされる最中の応永三十二年七月二十八日、後小松は彦仁の年齢を問うてきたのであるが、貞成はこれは義持が尋ねたからではなかろうかなどと記し、称光天皇が重篤であるにもかかわらず「吉慶念願きわまりなし」などと喜びを表している（『看聞日記』）。彦仁を次期天皇にすえることは、院・室町殿の間でほぼ固まっていたのであった。

貞成の喜び

3　後南朝への疑惑

新帝候補

すでに述べたように、応永三十二年（一四二五）七月末、称光天皇が重態に陥ったとき、次期天皇を誰にするかということが緊急な課題として浮上した。内々は伏見宮貞成の子彦仁王とされていたが、『看聞日記』によれば「その新帝御事につき、南朝御所望あり」（七月二十九日条）と、旧南朝の皇子を新帝にとの要望が出されたというのである。もちろんこれは拒否されたものと考えられる。

天皇後継をめぐる疑心

称光天皇はなんとか回復したが、天皇後継問題は中央政界に、疑心暗鬼を引き起こしてしまっている。八月二十日、天皇のもとに訴え出る者があった。その訴えとは、「天皇の今回の病気は伏見宮貞成が天皇を呪詛《じゅそ》したからである」というのであった。天皇は「さもありぬへきよし」と激怒して、後小松上皇・室町殿に近臣を遣わして、このことを訴えた。貞成が仰天したのはいうまでもないが、事実は違っていた。侍所《さむらいどころ》が関係者を召し捕って尋問してみると、「刀自三条《とじさんじょう》（年齢八十歳程）なる者が、年来大覚寺統のお祈りを行なっていたが、金沢なる者（刀自三条の官女の夫という）が、訴え出て勧賞を得ようとしたためであるといい、決して伏見宮貞成が行なったとはいっていない」と白状したのであった（『看聞日記』二十三・二十四日条）。貞成は安堵したが、この件に関して『薩戒記』は「内侍所の刀自三条が永年南朝と語らって、内侍所で祈禱しているが、これは現天皇を呪詛するものであり、今回の病気もそのためである。それで自分は君に忠なるものだから、訴え出たのである」（二十日条）とし、関係者は処罰された。このため旧南朝の人々にも嫌疑がかかったが、否定したことにより一件落着している。しかし南朝方に疑惑は残されたままであった。

旧南朝方への疑惑

京中の不安要素

このように、このころ洛中の政界内部においては、称光天皇の伏見宮への疑惑、天皇と上皇の不和、南朝方の野望、将軍の不在等々、さまざまな面で不安定要因を抱えていた。その上、鎌倉府と幕府との間は、ぎくしゃくした円滑でない関係が続いており、鎌倉府に旧南朝勢力や反幕府分子が連携する恐れは十分に存在していたといえる。

二　麹専売と馬借等の嗷訴

北野社参籠

義量の死は義持に相当な衝撃を与えたと思われるのであるが、その心の痛みを示すような具体的記述は史料上にはあまり表れない。男子誕生を神仏に祈願したというのはその表れと思われるが、他にも客観的にみたならば、傷心に耐えているであろうことを窺わせるものも存在している。義持は出家して以後、望んでいた信仰生活に本格的に入ったようであるが、ことに北野社に参詣・参籠のため足しげく通うようになった。義量が死去した後も、たとえば、応永三十二年（一四二五）の暮れには北野社に入り浸っていることが指摘されている（桜井英治『破産者たちの中世』）。その次の年も同様であった。このことは、神仏によって心の傷を癒そうとしていたとも考えられる。

麹専売権を北野社に与える

ところでこの時期に、義持は北野社に特別な配慮をしているのである。義持の出家以前に、義持が禁酒令を発布したことは前述したが（第五章六）、この禁酒令は北野社と深く関わっていた。義持は禁酒令を発する一か月前の応永二十六年（一四一九）九月に、北野

北　野　社

社の西京神人《さいきょうじにん》に麹《こうじ》の専売特許権を与えたのであった。麹の販売等について、北野社は従来までは西京においては独占的な権限を持っていたが、洛中洛外における独占権はなかった（脇田晴子『日本中世商業発達史の研究』）。幕府は北野社に麹の専売権を与えると、「公方の御使」立ち会いのもとで、洛中洛外の他の酒屋の麹室をすべて破壊してしまっている。その数は、九月二十九日から十一月十五日までの間に、五二軒にも達しており、義持はかなり強い意志によって麹室を解体させているのである。

酒造りの縮小

ここからみえることは何かといえば、北野社は特権をえて優遇されたのであるが、一方では洛中の酒造りを縮小させる施策でもあった。従来、数十軒の酒屋が行なってきた麹造りを、北野社のみにするということは、麹の絶対的不足をまねくことはいうまでもないことであろう。このような北野社以外の麹室の解体は、同時期に発令された禁酒令と表裏をなすべきものであったと断言してもいいことであろう。この北野社の実権を握っていたのは北野公文所《くもんじょ》となっていた松梅院《しょうばいいん》禅能《ぜんのう》であり、義持とは特別な関係を築いており、この禅能の宿所にも義持は入り浸っていたのである。

馬借の嗷訴

応永三十三年（一四二六）には、三四二軒の酒屋が幕府の統制下に入った。しかし北野社麹座に麹販売を独占させたことにより、思わぬ事態が引き起こされてくる。応永三十三年六月に、坂本の馬借《ばしゃく》が嗷訴《ごうそ》を企てたのである。『満済准后日記《まんさいじゅごうにっき》』（六月七日条）によれば、五月の日吉社《ひえしゃ》祭礼のとき内侍の車を止めて嗷訴した。憤慨した内裏（称光天皇）は室町殿（義持）にそのことを述べたので、義持は山門使節に命令して坂本の馬借等の住宅に放火して追い出してしまったという。そのため馬借は所々で狼藉をし、祇園社・北野社等に立て籠もって嗷訴を企てたことから、義持は諸大名に警固を命じ、祇園社は細川、北野社は赤松が警固したのであった。さらに内裏・仙洞に彼らが押しかけるという噂も流れて、満済は「洛中猥雑」と伝えている。この馬借の嗷訴の原因は何かというと、「北野社の麹独占権」にあった。

嗷訴の背景

馬借の強硬な姿勢に驚いた幕府は、山門使節を幕府に呼び出して馬借の嗷訴の理由を問いただしたのであった。山門使節の証言は、「馬借の嗷訴の原因は、所々の酒屋は麹業を行なっていたのであるが、去年以来北野公文所禅能法印の申請により、麹業は北野神領西京にかぎって行なうことができると仰せ出されたことにより、所々の麹業が止まってしまった。そのため、近江の米の売買価格が下落したために、馬借が訴訟した」(『兼宣公記』応永三十三年六月八日条)というものである。すなわち麹を造るのが北野社麹座だけになってしまったので、麹や酒造りのための米穀の用途が少なくなり、江州米の価格が暴落したために嗷訴を起こしたのであった。このような馬借は交通・流通に携わる中小商人であったであろうと推測されている(脇田前掲書)。これ以前、『看聞日記』応永二十五年六月二十五日条によれば、大津の馬借が米の沽却《こきやく》について山徒の円明坊と争いを起こし、馬借数千人が祇園社に閉籠している。これは義持が御教書《みぎようしよ》を下してなんとか落着しているが、これらの事件は正長元年(一四二八)の徳政一揆の前史的な事件であり、晩年の義持の極端な北野社崇敬と、経済に深く関わる「麹座」政策の失敗により起こった事件である。

三　守護層との軋轢—赤松持貞事件—

細川と畠山の対立

応永三十年（一四二三）という年は、義量が将軍となり、また幕府と鎌倉府との間の緊張関係が最高に達していた年であったことはすでに述べた。この年の九月十八日に、『看聞日記』に少し気になる記載がある。「義持が清水に参籠し、諸大名が皆そこに参ったが、上杉のみ京都に残し置いたという。そこで上杉は討たれるのではないかという風聞が飛んだため不穏な空気が流れたが、前管領の細川と赤松が上杉に加勢するといったために、上杉は討たれなかった」といい、さらにその一週間後の二十五日の記事には「上杉は切腹を望んだが、義持は清水に上杉を召して許した」というのである。上杉が何ことで義持の怒りをかったのか不明であるが、次の年三十一年十一月二十六日条によれば、またまた「上杉面目を失い今日没落、前上杉子息四歳宗領たるの間、取り立てんがため管領奪い取ると云々、これにより騒動有り、前管領（細川）は上杉贔屓、当管領（畠山）は前上杉に合力、両方確執と云々」とあり、上杉氏の内紛を伝えている。上杉氏の

上杉氏の内紛

当主が失脚して、その後任をめぐって、細川氏と畠山氏との間に確執があったことを記

述している。上杉がなぜ失脚したか分からない（事実かどうかも不分明）が、もしかしたら、鎌倉府との対立、和睦という時期にあたることより、京都に匿われていた禅秀の子息憲《のり》秋《あき》・教朝《のりとも》につながるようなことが背後にあったかもしれない。もう一つ気掛かりなのは、管領と前管領の対立というような噂が流布しており、有力者の対立・抗争が報じられていることである。義嗣の失脚以後も、幕府内部は義持のもとに、必ずしも一本化されているというわけではなく、主導権を握るための争いがあったことを示している。上杉問題はこの後、義持の死の直前まで続いているのである。

播磨国守護問題

応永二十年代から三十年代にかけて、幕府内部は、有力守護間の疑心暗鬼、鎌倉との確執、将軍継嗣、皇位継承等をめぐって不安定な情況にあったが、そのような中でも平穏が続いていた。しかし、義持の死去の直前に大問題が持ち上がった。播磨《はりま》国守護をめぐる問題である。

赤松持貞事件

赤松持貞《もちさだ》をめぐる事件も不可解な点が多い。この問題は幕府の有力者、宿老の一人であった赤松義則《よしのり》の死去から始まった。応永三十四年（一四二七）九月二十一日、義則は七十歳でその生涯を閉じた。家督を相続したのは満祐《みつすけ》であった。もう四十代半ばの壮年であり、彼は当然のこととして、父義則の領国であった播磨・備前《びぜん》・美作《みまさか》の三国を安堵されるものと思っていた。ところが、十月二十六日、三十五日法要を行なっていた龍徳《りゅうとく》寺《じ》にこの朝、義持から使者（南禅寺長老）がきて、「播磨国は料国《りょうごく》（幕府直轄地）となし、一族の赤松持貞を代官に任命して預け置く」ことにしたとの決定を伝えたのである。これにたいして満祐は赤松家が代々奉公して拝領した領国であるから許してほしいと拒否したのであり、再度の義持の仰せにたいしても拒否したのであったが、三回目には受け入れて、寺から宿所に帰り、形ばかりの酒宴を開いた後に丹波路《たんばじ》から領国播磨へ没落して行ったのであった。そのおり、家内にあった財宝等を家臣等にわけ与え、その後に自分の邸宅に火をかけて、炎を背に下向して行ったという。

近習赤松持貞

赤松持貞は鎌倉末から動乱初期に活躍した赤松円心《えんしん》（則村《のりむら》）の曾孫にあたり、庶流家の生まれで、将軍義持の近習として、応永二十三年（一四一六）ころから登場する人物である。赤松持貞については森茂暁氏等の研究があり、森氏の研究によると、持貞が義持の近習として行なっていた職務は、祈禱巻数の受け取り、義持の宗教的意思の伝達、五壇法との関わり、六条八幡年始神馬の引き進め、祈禱の供料の支給、満済への所領の給付の関わり等が明らかになっている。他にも森氏は持貞の活動のいくつかを史料から拾いだしているが、持貞は義持の近習として、義持の公私にわたる意思伝達に介在しているといっていいであろう。基本的には禅秀の乱後に討たれた富樫満成等《とがしみつなり》と同様な役割を演じていたのであろう。義持はこのような側近に播磨国を与えようとしたのであったが、富樫のときも同じような形態であり、このときも義持は斯波《しば》一族から加賀国を没収して、近習の満成・満春《みつはる》を半国ずつの守護に補任《ぶにん》したが、いずれのときも諸大名に相談した形跡はない。

満祐討伐

二十七日、満済は義持が参籠《さんろう》している清和院《せいわいん》にかけつけて、満祐のことを質問したところ、領国に下った満祐の行動に義持は怒って、短慮のいたりであるとして、残る二国のうち備前を赤松美作守（満弘《みつひろ》）、美作を赤松伊豆守（貞村《さだむら》）に宛行《あてが》うといい、そして山名と一色《いっしき》をもって満祐の討伐に向かわせるといったのであった。この討伐軍の派遣の件については、東国問題と異なって、諸大名を参集して評議などはしていない。義持の専断であった。山名・一色の出陣も十一月四日と決定した。しかしことは円滑には運ばなかった。

義持の強硬姿勢

十一月三日、満済は管領の畠山満家《みついえ》から呼び出され、赤松満祐の義持への執り成しを頼まれたのであった。管領の提案は、満祐が管領のもとに書状をもって詫びてきたから、播磨・備前・美作の三か国の中の播磨の一国を満祐に残して許したらどうかというのが一点、討伐軍の「陣立」も思慮が足りなく、粗忽で不都合なことであるというのがもう一点であった。これにたいして義持は、満祐を容赦するなどということは受け入れがたく、「陣立」についてては手抜かりがあってはならないから、十分検討するようにとの返事であった。

幕府内の齟齬

明らかに義持と管領との間には齟齬があるのである。また追討を命じられた山名と一色の間にも食い違いがみられた。すなわち、山名は命令通り、四日に赤松退治に発向したのであるが、一色は何らかの理由を付けて出発しなかったのである（『満済准后日記』十一月四日条）。細川氏一族も赤松討伐に色良い返事はしなかった（同六日条）。幕府内の大勢は赤松追討に消極的であったといえるが、山名氏のみ、かつての領国を奪い返すために闘志満々であったといえよう。

持貞の悪事露見

ところが持貞にとって、舞台は悲劇的に暗転する。十一月十一日、満済のもとに持貞から伝言が届いた。要件は、庭中《ていちゅう》（直訴）があり、死に及ぶような持貞の「悪事」が生起したから、至急出仕して執り成しを求めるというものであった。この日は風邪気味であったので出京はしなかったが、次の日に来た使者によると、十日の日に義持は畠山修《しゅ》理大夫《りのだいぶ》（満慶《みつよし》）邸に渡御したのであるが、帰ってきたとき、御所の門前で遁世者が高橋殿（義満の愛妾の一人）からの文として一通の書状を差し出したというのである。その内容は持貞に関わる三ヵ条でいずれも「女事」（女性との密通）であったという。持貞は告文《こうもん》（起請文《きしょうもん》）をかかげて申し開きをしようとしたが、激怒している義持は事実は明らかであるとして、「告文中々無益」といって聞き入れてくれないというのである。使者は何とか助けていただくようお願いしたいという。このとき、すでに切腹したという風聞も飛び交い緊迫した情況であった。

満済の説得を拒否

満済は醍醐《だいご》から急いで御所に駆け付け、義持にたいして事実確認をすることが重要であり、処置はその後でよいのではないかと懸命に説得したが、義持は女には尋問して事実を究明しているから、今更起請をかかげてもかえって（神々に嘘をつくので）困ることになるのではないかとの一点張りであり、あげくに、満済にこの件について口出しするなと命令する始末であった。

持貞の助命嘆願

次の十三日、満済は持貞の訴えにより、彼の助命嘆願のために再度御所に参上した。この日の日記の記述は、満済にしては珍しく心情的な文が続いており、将軍義持や管領、諸大名の行動だけでなく洛中の猥雑等を知る上でも興味深いものがある。御所に参った満済は、命は助け、田舎に追放したらとの提案をしたところ、義持は、持貞の切腹は神々と約束したことである、何で自分の身に起請文の罰を当てなければならないのかといい、むしろ速やかに切腹させろというのであった。満済は納得できないといって退出し、切腹しようかといっている持貞にたいして、高野山に入って隠居し、その間に許しを請うことにしたらどうかと再三説得したところ、持貞も了承し、満済は高野山にも手配して下向の準備を始めたのである。この計画は管領畠山満家とも相談した結果であったと記していることより、管領、満済の行動は義持の意向を無視したものであった。

持貞切腹

ところが、計画は頓挫してしまう。この夜十時頃に満済と持貞の連絡役であった教《きょう》源《げん》法橋《ほっきょう》なるものが駆け込んできて、ただ今使者が切腹を命ずる御書を持って持貞邸に向かったというのである。満済はその後に、持貞が切腹したこと、内の者十人ほどが自害したこと、最後に稲田なる者が家人に財物を与え、家に火をかけて自害したことを記している。そして、京中はいいようもなく混乱し、管領・諸大名の軍勢が御所の周りに集まり、六角堂・因幡堂・誓願寺《せいがんじ》等の鐘が、早鐘として打ち鳴らされたという。浅ましい天魔の所行であり、悲涙を押さえたと日記を結んでいるのである。

満祐宥免

持貞問題の裏には何らかの陰謀があったことは事実であろう。それに諸大名の中の誰かが絡んでいたであろうことも推定されるところである。その後の赤松満祐はどうなったのかといえば、播磨の満祐討伐については、「御幡《みはた》」を下したり、凶徒退治の祈禱なども行なわれたが、二十五日にいたり、満祐から許しを請う起請文が届き、管領畠山がいろいろ執り成したのでようやく宥免された。満祐が上洛してきたのは十二月十七日であり、義持は北野社に参籠していたので、翌日に管領とともに御所におもむいて義持に謁してこの事件は落着となったのであった。

義持の一貫した姿勢

赤松持貞事件をみてきたが、この事件を通して何がみえてくるのであろうか。まず第一に義持の強硬な姿勢を見て取ることができる。赤松氏の家督相続の機会をとらえて、満祐から播磨国を没収して赤松一族の近臣持貞に与えようとしたこと、さらに持貞に「女事」(「女事」で追放された公家・武家は他にも存在している。事実かどうかはともかく、富樫満成が典型)が発覚した時に、満済等の執り成しにもかかわらず遮二無二自害に追い込んだことなど、強い専制的な姿勢がみられる。しかし義持の態度は専制的ではあるが、将軍と家臣の間の主従関係の範疇であることも事実である。

諸大名にたいする将軍義持の態度・姿勢はかなり一貫したものがある。義持の姿勢は、義嗣の処分、富樫満成の追放も持貞の問題と同じであったし、さらには斯波満種《みつたね》が高野山に没落した件も同様であったであろう。これらの問題について諸大名と評議した形跡はない。遠い東国・奥羽の諸問題については、管領や諸大名の意見を聞き、対応を評議している姿と百八十度違っている。推定するに、鎌倉府をめぐる問題は、「東国政権」と「畿内政権」との間の「外交」的な問題であった。それゆえ、「畿内政権」の最高責任者である義持は、幕府重臣との協議の上で交渉等に臨んだといえる。一方、幕府内において、将軍との間の封建的主従関係については、一般的にいって重臣との協議は必要ない。独断・専制的態度をとっても不思議ではない（専制的姿勢をやわらげるために渡御等が行なわれていた）。純粋に将軍権力というものを考えたとき、義持の姿勢は自然なものであったといえる。

義持と諸大名

第二として、管領を含む諸大名の態度をどのようにみるかという点である。一般的には諸大名は連合し、専制的な室町殿に対抗する勢力であったとみられており、持貞の問題のときも、管領や満済は義持にだいぶ抵抗していることを見て取ることができる。ことに管領畠山氏が赤松持貞を潰したとの見解も存在する（家永遵嗣「足利義教初期における将軍近習の動向」〈『室町幕府将軍権力の研究』〉）。しかし、諸大名が一致して行動しているわけではなかった。山名等は積極的に満祐討伐に向かおうとしていたのである。また、応永三十一年に起こった「上杉追放」をめぐる問題も、管領畠山と前管領細川の見解が異なっているとうわさされていたことはすでに述べたとおりである。また、義嗣事件のときも、反逆荷担に諸大名のさまざまな名前が挙がったのは、ある程度そのような下地があったのであろう。しかし、表面上、諸大名は連合的な形態を取っていたことも事実である。このような諸大名の姿勢が義持が死去するおりの言辞に表れてきたといえるのであり、義持と諸大名との間には緊張関係も続いていたといえる。

このころの義持の心情はいかなるものであったのであろうか。義量に将軍職を譲った義持は念願の出家をとげ、順風満帆のようにみえたのであるが、義量が死去した後の義持の心中は必ずしも平穏なものではなかったであろう。男子誕生を願うも、それもかなわないため、また義持の極端な神仏信仰にも関係していたのであろうか、身近な人々にたいしてエキセントリックな、偏執的な行動に出たのではなかろうか。

第九　信仰と芸能

一　寺社参詣と参籠・参宮

義持の信仰

前掲の神人《じにん》との抗争において、「薬師堂が焼失してもかまわない、神人を責め殺せ」（『看聞日記』応永三十一年六月二十五日条）などと怒って命令した義持であるので（第五章六）、さぞかし神仏にたいしての信仰心は薄いのではないかと考えられがちであるが、実はその正反対であり、きわめて信心深い将軍であったことが知られている。

参詣と参籠の多さ

すでに述べてきたさまざまな事件の勃発は、「御所様（義持）参籠《さんろう》」中のときに起こっている場合が多い。義持は多くの寺社に参詣・参籠していることが『満済准后日記《まんさいじゅごうにっき》』等によって知ることができ、守護等への渡御《とぎょ》（御成《おなり》）と同様にかなり頻繁に行なっている。この寺社への参詣・参籠については、義持の護持僧であった満済の日記が詳しいので、それを中心として、義持の信仰心について検討しておこう（ただし、日記の関係から応永《おうえい》二十年以降）。

義持の参籠

まず義持の参籠であるが、参籠がもっとも多いのは北野社（天満宮）である。満済の日記で最初に北野社に参籠したことを記してあるのは、応永二十年（一四一三）二月二十三日条である。「二十三日、公方《くぼう》様六条八幡宮・五霊《ごりょう》等に御参詣、ただちに北野御参籠所に渡御」、「二十五日、北野御参籠所御法楽《ほうらく》と云々、管領《かんれい》（細川満元《みつもと》）今夕より北野に参籠と云々」、「二十九日、公方様北野より御出、禅運坊に渡御と云々、毎度の儀か」と、二十三日から二十九日まで、北野社に参籠している（『教興卿記《のりおききょうき》』にも同様の記載あり）。この参籠には、管領細川満元も参加しているが、その日法楽（連歌《れんが》？）が行なわれている。そして参籠が終わった後、禅運坊に渡御しているが、満済はこれは毎度のことではないかといっている。すなわち、これ以前の何年も前から、この時期に参籠していたであろうことを知ることができる。同年五月二十一日にも北野社に参籠し、二十七日に「御出」している。この時は、猿楽《さるがく》が丹波《たんば》日吉《ひえ》の者によって演じられたが、これも毎度のことではないかと述べている。

北野社

次の年にも二月二十三日に北野に参籠し、二十九日に御出しているが、この時は二十五日に連歌が行なわれている。この年には五月二十日と、九月十一日にも参籠している。

以後二月・五月・九月と参籠している年が多い。応永二十八年（一四二一）には、七月・十一月に参籠し、二十九年には八月、三十年には二月・六月・八月に参籠している。以後三十一年には、二月・八月・十一月の三回、三十二年には、六月・閏六月・十一月の三回、三十三年には、三月・六月・八月（二回）の計四回、三十四年には、五月・七月・九月の三回参籠している。このように義持は、二月・五月・九月・十一月ころを中心に年間三・四回参籠しており、義持は晩年になればなるほど北野社への参籠の日数が多くなっていった。桜井英治氏は、応永三十年以降に毎年北野社ですごした日数は三十日を超えていたと指摘され（『破産者たちの中世』）、ほとんど入り浸りの年もあったという。そして参籠中は法楽の連歌や猿楽を行なっていたものとみられる。

その他の参籠寺社

その他の参籠寺社としては、石清水八幡宮が多く、年間十数日にわたって籠っていたのである（桜井前掲書）。また因幡堂、清和院《せいわいん》にも年間一・二回参籠している。さらに等持寺《とうじじ》や鹿苑院《ろくおんいん》へも、尊氏《たかうじ》や義満の仏事のために数日にわたり渡御している。各寺社への一年間の参籠を合計してみると、多い年は十回程度になり、義持の神仏にたいする崇敬の篤さは大変なものであったといえよう。

定例化した寺社参詣

寺社への参詣もかなり多い。応永二十年を例として『満済准后日記』をみると、最初に、正月二十五日に義持が青蓮院《しょうれんいん》に渡御したことがみえている。この渡御には『教興卿記』正月二十五日条に「今日御所様（義持）・同新御所（義嗣《よしつぐ》）、青蓮院へ渡御あり、参る人々右京大夫入道管領（細川満元）・細河兵部少輔《ひょうぶのしょう》（満久《みつひさ》）・同六郎（満国《みつくに》）・畠山（満家《みついえ》）・同右馬助《うまのすけ》（清純《きよずみ》）・同尾張守《おわり》（持国《もちくに》）・同播磨守《はりま》（満基《みつもと》）・山名八郎・赤松出羽《でわ》・同伊豆（持《もち》貞《さだ》）・富樫兵部大輔《とがしひょうぶのたいふ》（満成《みつなり》）・伊勢（貞継《さだつぐ》）等なり」とあり、斯波《しば》氏を除く幕府の有力者が従っていることを伝えている。これは青蓮院門跡《もんぜき》が義持の弟義円（後の将軍義教《よしのり》）という関係からであろうと思われ、この日が毎年の定例の渡御日であった。このように定例的に渡御している寺社も多かった。

以後の参詣寺社

以後の参詣・渡御は、正月二十八日建仁寺《けんにんじ》、二十九日聖護院《しょうごいん》、二月五日勝定院《しょうじょういん》、十二日鹿苑院、二十一日御室《おむろ》、二十三日六条八幡（この日北野社に参籠）、三月六日相国寺《しょうこくじ》、八日等持院、十一日任慶法印《にんけいほういん》宿所（渡御）、四月五日勝定院、七日等持院、八日相国寺、二十五日南禅寺、二十八日等持寺に御座（五月八日に帰還）、五月十三日村融法橋坊《そんゆうほっきょうぼう》（渡御）、十四日三宝院、六月二十日八幡社、七月十二日鹿苑院、十三日等持寺、二十三日等持寺（二十六日御出）、八月十一日大智院、十七日天竜寺、真如寺《しんにょじ》、九月十三日華頂坊《かちょうぼう》、十八日南禅寺・実相院《じっそういん》、二十一日若王寺《にゃくおうじ》、十月十六日西芳寺《さいほうじ》、二十一日聖護院、十一月二十

六日円明坊《えんみょうぼう》（渡御）、十二月三日実相院、十三日大覚寺の各参詣を知ることができ、年間三十回ほどの参詣等を行なっているのである。これは応永二十年だけのことでなく、例年このような神社や寺、僧坊に、この程度の参詣が行なわれていたものと考えられ、後には正月一日に、義持の居所に近い三条八幡をかならず参詣するようになっていった。その他、思い付きのような形で参詣している寺社も存在している。

定期的な伊勢参宮

義持は伊勢神宮への参宮も定期的に、しばしば行なっている。義持が家督を継いで以後最初に伊勢神宮に参詣したのは応永十六年（一四〇九）六月十八日のことであった。この時は弟の義嗣、日野重光《しげみつ》、木造俊泰等とともに参宮し、二十三日に京に帰っている。この後、応永十九年九月、（たぶん、二十年・二十一年・二十二年の八月か九月頃にも参宮していたであろう）二十三年八月、二十四年九月、二十五年八月、二十六年九月に参詣しており、翌二十七年九月には代官三三人、近習の人々を伊勢に遣わしているが、これは義持が病気であったことによる（『看聞日記《かんもんにっき》』同年九月八日条）。二十八年には三回参詣している。第一回は二月十八日に京都を立っている。この参詣の理由は「去年の病悩本腹し、立願《りゅうがん》を果たさると云々」と『看聞日記』にあるように、病気全快の御礼であった（このころ伊勢の神は疫病を鎮めたり、病気を治すと考えられていた）。第二回は次の月十一日に伊勢に出発している。

そして三回目は例年通り、九月に参詣しているのである。二十九年は九月に参宮しているが、この時は天皇の病気平癒のために上皇の代官として伊勢神宮に参詣している。三十年には三月二十七日に妻日野栄子《えいこ》とともに参宮しており、さらに十一月二十日に伊勢に行っている。三十一年にも三月に妻とともに参宮し、十二月に再度参詣している。三十二年九月二十日にも参宮の予定であった。しかしいざ出発しようとしたときに、厩の馬三匹が一度に死んでしまったことにより、神慮を恐れて（七十五日参宮不可であるという）出発を延期したという（『看聞日記』）。三十三年三月には参宮し、九月にさらに参詣している。三十四年にも九月に参宮している。以上のように義持は例年九月二十日前後に伊勢神宮に参詣するのが年中行事的な通例であった。

参詣・参籠の理由

義持はこのような参詣・参籠等とともに、満済の三宝院（法身院）にもしばしば管領や有力守護等をともなって訪れている。義持は応永三十年以降、とくに寺社へ参詣する度合いが多くなっているが、これは義持の出家や「男子誕生」と関係しているのであろう。義持の参詣・参籠・参宮等の日数を数えると、北野社と石清水だけでも多い年で五十日に達しており（桜井前掲書）、一年のうち少なくとも四分の一以上（年によっては三分の一程度まで達したのではないかと推測）の日々をこれらの行為に費やしていると推定されるのである。

このような義持の行動は単に信心や「願掛け」からというだけではなく、緊張した気分を休めるため（ストレス解消）であったことも事実であろう。

信仰心の現れ

ところで、義持が寺社徳政《とくせい》を行ない、寺社にたいして多くの所領安堵や「渡付《とふ》」をなして、寺社興行・寺社領保護等を積極的に行なったことはすでに述べた（第二章「代替わりによる統治活動」）。このような施策は、義持の神仏への強い信仰心や「立願」等のための異例な日数の参詣・参籠等と深く関わっていることはいうまでもない。彼は信仰心に基づいて、寺社への物質的基盤を与えたのであった。

醍醐寺三宝院

寺社興行の結果

このような義持による寺社興行の結果どのようなことが起こったのであろうか。応永三十五年（一四二八）正月、義持は四十三歳で死去するのであるが、その四か月後の五月に三宝院満済は、その跡を継いだ「くじ引き」将軍足利義教《よしのり》から、義持の寺社への寄進地について相談を受けている。満済はこの件に関して日記（十三日条）に、「今日出京した。室町殿（義教）から相談したいことがあるという理由からである。お会いすると、近来（前将軍義持による）非分（道理に合わない）寄進の神領が数十か所あり、これにより牢籠《ろうろう》（困窮）して譜代の家を失った者がいることは気の毒である。嘆いて返却を申し入れてきた人々に返付しようと思うが、神慮（神の意向）を測りがたく、どのようにしたらよいであろうか、意見を伺いたい」と相談の内容を書きとめている。これにたいする満済の返答は「仰せのように、故勝定院（義持）殿の時代に寄進した数か所にそのような神領や禅院領がありますす。しかし、十分に考慮しないで、所領を返還したならば、誠に神慮を測りがたくなります。私の意見としましては、神領の名前は残し、下地《したぢ》は本主《ほんしゅ》に返して、一定の神用（年貢の得分《とくぶん》）を神社に納めるという、折衷《せっちゅう》の沙汰にしたらどうでしょうか」というものであった。ここで所領を返還することは「神慮を測りがたい」としているのは、いかなる理由があっても、いったん神仏に寄進したものは取り返すことができないという社会通念がこの時代に存在していたからである。そこでどちらか一方に決定するのではなく、「神」と「牢籠（困窮）の人々」の双方にとって利益となる「折衷」を述べたのであった。

義教による修正

この将軍義教と満済との間の問答で知られるように、義持時代においては強引な形の寺社興行がなされていたことは明らかである。新将軍義教は義持の行なった政策や政治運営を否定的にとらえ、その修正を試みたのであった。義持の政治は神仏信仰と深く関わるものであったことを指摘できる。

二　祈禱と禅

護持祈禱

義持は自ら参籠・参詣等を行なって神仏を祈るだけでなく、義持自身を祈りの対象者にして、護持僧に自身の護持の祈禱を行なわせている。周知のごとくもっとも有名な護持僧が『満済准后日記』の筆者である醍醐《だいご》寺三宝院満済である。

長日祈禱の事、勤修《ごんしゆう》せしめ給うべし、恐々謹言

応永十五

八月廿七日　　義持（花押）

三宝院僧正御房

追啓

満　済　像（醍醐寺蔵）

加地の事、同存知あるべき也、

三宝院文書にある義持自筆のこの文書は、義持が満済を護持僧に補任《ぶにん》したものであるといわれており（森茂暁『満済』）、この文書より満済が義持の護持僧になったのは、義持が家督を相続した直後の応永十五年（一四〇八）八月であったことが知られる。彼の活動は、義持・義教等の政治顧問的な役割を演じていたことが知られており、従来より「黒衣《こくえ》の宰相」などと呼ばれて政治的側面が注目されてきたが、最近は彼の宗教的活動についても研究されてきている。村尾元忠氏は満済の日記中の義持に関する祈禱を整理して表にまとめられている（「足利義持の神仏依存傾向」）。その整理によれば、義持の死去の前年である応永三十四年（一四二七）には不動護摩《ふどうごま》、閻魔天供《えんまてんぐ》、北斗法《ほくとほう》等々の祈禱を五十余回行なっていることが知られる。また森茂暁氏は発給文書や受給文書を分析して満済の活動を検討している。満済が受け取った祈禱に関する文書は、応永三十年以後になると、日記の中に書き写されることが多いが、多くは伝奏広橋兼宣《てんそうひろはしかねのぶ》からのものである。

祈禱内容

その内容は以下のようなものである。応永三十年（一四二三）は、「仙洞《せんとう》御不与の御祈り」・「禁裏御不与の祈禱」・「禁裏仙洞の祈禱」、三十一年「二星合異変につき室町殿、同御方御所（義量《よしかず》）の御祈り」・「地震占文につき天下太平、公家武家御運長久の御祈り」、三十三年「地震占文により、公家・室町殿の御祈禱」・「禁裏御不与につき御祈禱」・「異変につき御祈禱」、応永三十四年「禁裏御祈禱」・「仙洞御不与の御祈禱」・「室町殿御息災延命御祈禱」・「請雨御祈り」等であるが、これらは醍醐寺三宝院が責任を持って行なうものであった。満済のこのような活動は、義持個人にたいする祈りも存在するが、国家の「存亡」に関わる祈りや祈禱も多かったといえる。

五壇法の主催

国家的な密教修法の一つであった五壇法は、南北朝動乱期に主催者が武家側となったが、ことに義持期には多く五壇法が室町殿の主催で行なわれている。その数は二八回を数え、年に一・四回の割合で開かれているという。そして義持は五壇法の阿闍梨《あじゃり》等の選定、日程等の決定者であった（森茂暁「室町時代の五壇法と護持僧」）。密教修法を深く信仰していたとも考えられない義持がこのようなことを行なっていたのは、国家を担う者としての責務からであろう。

護持僧の面々

ところで満済のような護持僧は何人ほどいたのであろうか。村尾氏の研究によれば、護持僧の定員は六人であり、長日《ちょうじつ》・月次《つきなみ》・臨時の祈禱を担当し、月次は二人ずつの結《けち》番《ばん》制であり、満済の当番は四月と十月であったであろうとされている。応永二十年(一四一三)の年頭段階においては満済の他に聖護院道意《どうい》、岡崎桓教《かんきょう》、浄土寺慈弁《じべん》、実相院増《ぞう》詮《せん》、地蔵院聖快《しょうかい》の六人であったが、同年三月慈弁が死去して常住院満意《じょうじゅういんまんい》となり、二十四年に聖快の死により竹内良順《りょうじゅん》が、二十八年までに道意・満意が辞任したことにより地蔵院義快《ぎかい》、浄土寺持弁《じべん》が任じられ、さらに同年二月に良順から良什《りょうじゅう》に代わり、応永三十年の年頭には満済・桓教・増詮・持弁・義快・良什の六人であったとされている。彼らの出身は天台宗、真言宗であった。

義持の禅宗信仰

義持は護持僧としても、政務の相談相手としても満済を信頼していたが、満済等の護持僧が属す真言宗や天台宗等の密教に、真に帰依したり学んだ様子はない。彼が帰依していたのは禅宗であった。義持は禅宗のことを「我が宗」と称したといわれており(辻善之助『日本仏教史』第四巻)、禅宗に深く帰依し、禅僧との交遊が親密であった。義持が死去して四十年ほど後の史料である『清贈二位宗賢《むねかた》卿記』に、義持は禅宗のみを信仰していたので、真言宗である高野山に参詣しなかったと書かれていたりして(玉村竹二「足利義持の禅宗信仰に就て」)、後の人々は義持と禅の強い結び付きがあったと認識しているのである(事実は応永十七年四月十日に高野山に参詣している)。また義持の生きていた時代にも強烈な落書《らくしょ》が存在している。『看聞日記』応永三十二年(一四二五)九月十三日条に次のような落書が記載されている。

去る比《ころ》室町殿の門前に落書の札これを立つ
諸国より相撲《すまい》はおほくのほれとも
王と御所とのしつつきそなき
その後重ねてまた立つ
相撲よりとめたき物は二あり
大内のくたり御所の黄衣《きごろも》

当時相撲が流行っていたのであるが、前落書は、その相撲に関わって、天皇家と足利家継嗣の危機的状況をからかったものである。義持は前者の落書を怒って相撲を禁止したのであるが、その後西国の雄である大内氏が鎮西《ちんぜい》の菊池と少弐《しように》氏の紛争問題で下向しようとしたときに、後者の落書が御所の門前に立てられたのである。止めたきものは「大内の下向と義持の黄衣」であるというのである。黄衣《こうえ》は「室町殿いつも黄衣を着ら

落書

るるの間申すと云々」(『看聞日記』同日条)と、義持が出家した後に黄衣を常用していたことを揶揄《やゆ》したものである。義持がなぜ黄衣を着ていたのかというと、中国の元で流行した黄色の僧服を、このころの日本の禅僧達が取り入れて、五山の僧侶の多くが黄衣を着用する風潮が存在していたからである。さらに応永十六年に三条坊門《さんじょうぼうもん》に新邸を築いたとき、禅宗寺院をまねた寺院的な建物であったという。義持の禅への傾倒ぶりがよく知られるのである。また、応永二十七年(一四二〇)二月九日、禅寺の宝幢寺《ほうどうじ》が落成し、義持がその供養を行なったが、盛大をきわめ、嵯峨《さが》辺は動乱のようであったと『看聞日記』は伝えているのである。

義持の受衣

義持は応永六年(一三九九)六月二十三日相国寺鹿苑院において絶海中津《ぜっかいちゅうしん》から受衣した(『足利家官位記』)。そして法名を「道詮《どうせん》」としたが、応永十二年(一四〇五)に、空谷明応に別号を求め、彼の選により、道号を「顕山《けんざん》」と称した。禅宗に帰依《きえ》していた義持の様態については前掲玉村氏の論考が詳しい。氏の論文を参考にしながら義持と禅との関係を述べておくこととする。

隠密の出家

応永三十年(一四二三)四月二十五日、義持は等持院で出家したことについてはすでに述べた。満済の日記によると「室町殿様今夕北野御社参、直ちに仁和寺等持院に渡御、今夜等持院において密々御落髪」と、釈迦三尊絵像、夢窓疎石《むそうそせき》、絶海中津等の肖像画の前で出家したのである。この出家は隠密に行なわれ、満済にも知らせていなかったのである。また義持が死去した後の院号を勝定院としたのは、相国寺の絶海中津の塔頭《たっちゅう》である勝定院から採ったものであり、このようなことから義持の師は絶海ということになるという。しかし、絶海は応永十二年（一四〇五）四月五日に死去しているので、その接触期間は長くなく、義持は家督を継いだ後、五山派の夢窓派、大覚派、聖一派、大鑑派、法灯《ほうとう》派等のあらゆる派の禅僧と関係を持っていたと玉村氏はいう。さらに五山派以外でも、中国の流行に習って林下《りんげ》の隠遁者、隠遁的な念仏禅を好み、当時の禅宗界の新思想に理解を示していたという第一級の知識人であった。

三　水墨画と義持

知識人義持

義持は応永十七年頃、新邸を構えてこれを悠然亭と称し、自ら詩を詠じて、無求周伸《むきゅうしゅうしん》・惟忠通恕《いちゅうつうじょ》等の親交のあった禅僧等と、詩を贈答しあったという（辻前掲書）。また、幕府の重臣である山名時熙《ときひろ》・細川満元《みつもと》・大内盛見《もりみ》・畠山満家《みついえ》・赤松義則《よしのり》らは禅僧としての名を持ち、「高度の知性と洗練された趣味を弄ぶ貴族的知識階級」（玉村前掲書）であったとされている。このように漢詩にも深い理解を示していた義持であったが、水墨画にも深い関心と才能を持っていた。義持時代に水墨画の画態として盛行したのは「詩画軸」（水墨画の上部余白に、禅僧が賛《さん》を加えたもの）であった。

絵画への理解

禅文化に心酔し、当時の第一級の知識人であった義持の周りには、武将だけでなく、京都五山の禅僧等が参集して独特の文化空間、禅林風の文化サロンを形成していた。そのような中、中国の禅院で盛行していた絵画について、中国から帰国した入元僧等の影響により、新しい絵画が発展してきた。それは義持や義教の治世下において、禅僧等が大いに発展させた水墨画である。

水墨画の担い手たち

義持の文芸サロンに属していた禅僧画家としては梵芳《ぼんぽう》、明兆《みんちょう》、如拙《じょせつ》、周文《しゅうぶん》等が知られているが、ことに相国寺から出た如拙は水墨画の発展に大きな役割を演じ、その画風は周文に受け継がれ、さらに雪舟《せっしゅう》等に伝えられていった。以下、金沢弘「水墨画―如拙・周文・宗湛―」を参考にしながら述べることとする。如拙が描いた「詩画軸」水墨画として有名なものは瓢鮎図《ひょうねんず》である（退蔵院《たいぞういん》所蔵、「瓢箪《ひょうたん》という角のないすべすべしたもので、水中の鮎《なまず》を捺《とら》えることができるか」という不条理な絵と詩のテーマのもとに書かれたもの、応永二十年製作と推定

義持の絵

瓢　鮎　図（退蔵院蔵）

されている)。この図は義持が三条坊門邸の安仁《あんじん》斎《さい》に座屏《ざびょう》を作ろうとして、義持の発案・指導のもとになされたものであり、片面に絵、他の片面に三一人の五山の僧侶の詩文からなるものである（現在は掛軸となっている)。

義持は如拙を支援して新しい水墨画の担い手に育てたのであるが、自らも水墨画を描き、その技術は玄人肌であり、数点の水墨画を残している。それは白《びゃく》衣《え》観音《かんのん》、達磨《だるま》、寒山《かんざん》、布袋《ほてい》等の人物画である。義持の画の特徴は、背景をまったく描かず、墨線を駆使して簡略に人物を描いていることであるという。福岡市美術館所蔵の義持の筆になる「布袋図」（口絵）は、左右に金剛経を書き、大きな袋に頬づえをしている布袋が描かれており、禅林の簡潔な美を受け継いでいるという。その他、岡山県立美術館蔵「寒山図」、長得院蔵「白衣観音図」等が知られており、いずれも素人の域を越えたものである。

四　田楽と猿楽

義満と猿楽

義持の父である義満が猿楽能を好み、世阿弥《ぜあみ》を寵愛したことは有名であるが、世阿弥だけでなく、観阿弥《かんあみ》亡き後の猿楽の第一人者である近江《おうみ》猿楽の犬王道阿弥《どうあみ》も贔屓にし、応永十五年（一四〇八）三月の北山邸への後小松《ごこまつ》天皇の行幸《ぎょうこう》のときには、犬王に猿楽を演じさせている。さまざまな点で義満と反対の行動をとったといわれている義持は、このような義満の猿楽への傾倒にたいしても反発し、猿楽より田楽《でんがく》を愛して、それを後援したといわれている。しかしそのように見受けられる様態も存在するが、断言することには躊躇する点もある。

義持の田楽好み

義持が田楽を好んだことは事実である。満済の日記や『看聞日記』等によれば、義持時代にかなり頻繁に勧進《かんじん》田楽が行なわれていたことが知られ、義持は頻繁に観覧していたのである。『満済准后日記』応永二十年（一四一三）三月十一日条に「祇陀林勧進《ぎだりんかんじん》河原桟敷《さじき》今日より構えらる、御桟敷管領《かんれい》奉行と云々、田楽新座（増阿弥《ぞうあみ》）」とあり、祇陀林（釈尊が説教した森のこと、具体的には寺院建立）勧進のために田楽を行なったことがみえている。以下、田楽が催された日時は『満済准后日記』によれば、同年四月九日（桟敷管領奉行）、十九日（桟敷大内奉行）、二十一年三月九日、十日（桟敷管領奉行）、十四日（桟敷畠山奉行）、二十日（桟敷武衛《ぶえい》奉行）、二十二年四月九日（桟敷畠山奉行）、十一日（桟敷斯波《しば》奉行）、二十三年四月九日（桟敷畠山奉行）、二十日（桟敷斯波奉行）、二十四年三月二十一日、二十二日（桟敷管領奉行）、二十七日（桟敷畠山奉行）四月九日、二十五年三月九日（桟敷管領奉行）、十二日（桟敷畠山奉行）等々で、ほとんど毎年何回か勧進田楽が催されていたことが知られるのである。そして、その桟敷を用意したりしたのは幕府内の有力者であった。

増阿弥を贔屓する

応永二十六年三月十七日条に、「今日田楽これ在り、六角堂勧進と云々、新座増阿の沙汰なり、御桟敷管領奉行と云々」と、田楽新座の増阿弥の芸を観賞しているのである。『花営三代記《かえいさんだいき》』によれば、応永二十九年十月二十二日、二十九日、閏十月三日に義持は田楽を観覧していることが知られるが、そこでも増阿弥が演ずる田楽を観ている。また『康富記《やすとみき》』応永二十四年九月四日条に、八月に義持が南都に下向したとき、彼は増阿弥の田楽を観たことが記載されており、また満済の日記によれば「北野神前において、田楽これ在り、新座増阿弥勤仕、御所様御見物と云々」（応永二十九年三月二十九日条）とある。これらのことより、義持は田楽新座の増阿弥を贔屓にしていたことが知られる。

増阿弥の芸

増阿弥は当代の田楽名人の一人であった喜阿《きあみ》弥の弟子であった。喜阿弥は亀阿とも称したというが、世阿弥は田楽の一忠や亀阿（喜阿）、観阿弥、道阿弥の四人を猿楽の先祖と称しており、また喜阿は音曲の先祖ともいっており、世阿弥は彼を高く評価しているのである。その弟子が増阿弥であり、その増阿弥の評判もよく、義満の前でも演じたと『猿楽談義』に記載されており、世阿弥も彼の芸には一目置いていた（伊藤磯十郎『田楽史の研究』）。また尺八《しやくはち》の名手であったともいわれており、渋い芸ではなかったかとみなされている。こうしたことより、禅に傾倒していた義持の心をつかんだのではないかと推測されている（『岩波講座能・狂言Ｉ』）。

猿楽への対応

一方、猿楽にたいして義持はどのような対応をとったのであろうか。義持は決して猿楽に冷たかったわけではない。応永十七年（一四一〇）六月に九州から上洛してきた島津元《しまづもと》久《ひさ》は、同月十一日に、義持に謁したのであるが、そのおりに「猿楽観世太夫参り能仕り候」と、義持は猿楽を観賞しているのである。これ以後も義持が猿楽を観たとする史料は存在している。例えば、前述した応永二十四年九月に義持が奈良に下向したとき、一条院で田楽とともに猿楽をも見物しているのである。

世阿弥の楽頭職補人

応永三十一年、世阿弥は醍醐寺清滝宮《きよたきのみや》祭礼猿楽の楽頭職《がくとうしき》に補任されている。楽頭職とは祭礼のおりに猿楽を演じる権利を持った猿楽者であるが、『満済准后日記』同年四月十七日条によれば「当年より観世大夫楽頭職の事申し付けおわんぬ、以前の楽頭去年不儀の間、突鼻せしむ処に即時死去、件の男死去の刻に弟に与奪の処、彼弟また死去の間」とあり、前楽頭職であった摂津猿楽榎並大夫が何らかの「不儀」により譴責《けんせき》を受けて死去し、またその楽頭職を継いだ弟も死んだので、世阿弥がその職に補任されたのであるという。同月二十一日には、楽頭職初の法楽猿楽を演じているが、その祿物《ろくもつ》として、公方（義持）より一〇〇〇疋（一〇貫文）、寺より一〇〇〇疋、地下郷民より一〇〇〇疋が与えられている。ここにみられるように義持は猿楽にも好意的な態度をとっているのである。

義持の高い鑑賞眼

また、義持は義満以上に猿楽にたいして観賞眼が高かったといわれている。世阿弥が応永二十七年（一四二〇）六月に著した『至花道《しかどう》』という書に「かやうの稽古の条々、浅深、昔はさのみにはなかりし也、古風の中に、をのづから此の芸力を得たりし達人、少々見えしなり、その比は、貴人・上方様の御批判にも、是をのみ御覧じはやされて、非をば御讃談（批判と同意）もなかりし也、当世は、御目も弥闌《いよいよたけ》て、少しきの非をも御讃談に及ぶあひだ、玉を磨き、花を摘める幽曲ならずば、上方様の御意にかなふ事あるべからず」（『日本思想体系　世阿弥　禅竹』）と述べている。応永二十七年という義持時代に書かれたことと、引用本の頭注・補注等を参考にしながら解釈すれば、「稽古の浅い深いについて、昔（義満時代）はそれほど重視していなかったが、古風な芸を演じた人の中にも達人が少々みられた。その頃（義満時代）は、貴人や上方様（義満）の批評もよい点だけを誉めて、悪い点の批評はなかった。ところが当世（義持時代）は、観賞眼が高くなって、少しの非をも批判に及ぶ、このようであるから玉を磨き、花を摘めるような幽曲でないならば、上方様（義持）の御意にかなわない」というものであり、世阿弥は義持の観賞眼の高さを評価し、稽古を疎かにする演者を叱咤しているのである。世阿弥の能の完成は義持時代の二十年間の間ではないかとされており（松岡心平「室町の芸能」）、この治下において、世阿弥は義持の信仰している禅の世界に触発されて、禅的な精神がみなぎる能の基礎を打ち立てたのではないかという。

義持は田楽や猿楽等の演技にたいしてかなりの「眼」を持ち、自分なりの価値観が存在していた。それゆえ、義満に反発して田楽を贔屓《ひいき》にしたというのはあたらないであろう。義持の芸能観・観賞眼からして、当時の芸能演者の中では田楽の増阿弥をもっとも好んだというだけである。世阿弥が追究した幽玄・華麗・優美な貴族趣味の猿楽にたいして、義持は「冷え冷え」（『申楽談義《さるがくだんぎ》』）の芸風を持つ、渋い田楽増阿弥の芸を好んだのであった。それは増阿弥の芸が、義持が傾倒する禅の神髄に通ずるものがあったからであろうと思われる。

和歌・連歌会

その他の芸能について触れると、武士の世界、ことに細川一族、赤松満祐《みつすけ》等の上級武士の間で和歌の具体的な会合を伝える史料に『慕風愚吟集《ぼふうぐぎんしゅう》』（応永二十八年成立）が存在している。このころの連歌の「大家」として斯波義教、細川満元、赤松満祐等の幕府の有力者が知られており、義持の時期においても和歌や連歌は盛んであったことを示している。義持も連歌会・和歌会等にしばしば参列しており、仙洞における連歌会に参り、後小松とともに連歌を催していることは、当時の日記にしばしばみられ、この方面でもそれなりの教養を持っていたであろうことは疑いないところである。

第十　義持と家族・親族

一　妻と子

義持正室とその兄弟

義持の正室は日野栄子《えいこ》である。栄子は日野資康《すけやす》の娘であり、兄に義満時代に伝奏《てんそう》として大きな権力を持っていた重光《しげみつ》がいた。また姉には義満の正室康子《やすこ》がおり、康子は義満の晩年に国母《こくも》に准ずる准三后《じゅさんごう》となり北山院と称した女性である。また叔母の業子《なりこ》も義満の室となっており、このような関係から義持の室になったのは自然の成り行きであった。

夫婦仲

栄子と義持との間の夫婦仲は比較的良好であり、「室町殿奈良御参詣と云々、御台《みだい》同御参と云々」（『康富記《やすとみき》』応永《おうえい》二十四年八月二十四日条）とあるように、義持は奈良や伊勢参詣等で栄子を同伴することも多かった。栄子も神仏への信仰が深く、「今日室町殿御台方御参宮なり、御輿十七丁、騎馬三十騎と云々」（『康富記』応永二十七年十二月九日条）というように伊勢神宮に何回も出かけており、また「御台様熊野御参詣有り」（『花営三代記』応永二

晩年の栄子

十八年三月十六日条）と、熊野等へも参詣し、義持とともに北野社等に参籠《さんろう》もしているのである。また彼女も田楽《でんがく》等を好んだようである。

義持の晩年には栄子は大方《おおかた》殿と呼ばれていたが、義持が応永三十五年（一四二八）正月十八日死去すると、『建内記《けんないき》』によれば、翌十九日に常徳院海門《じょうとくいんかいもん》和尚を戒師《かいし》にして落髪したという。また同十九日に宣下《せんげ》があり、従一位に叙任《じょにん》されたとも記されている。さらに六月に新将軍義教《よしのり》の「嫁娶《かしゅ》之儀」（婚儀）があり、従来からの由緒によって日野重光の女（重子《しげこ》か）に決したのであるが、この婚姻に重光の娘は「不受の気色（同意しなかった）」であったが、彼女は日頃栄子に仕えていたので、栄子が彼女を説得して義教に嫁がせたとしている。

日野家系図

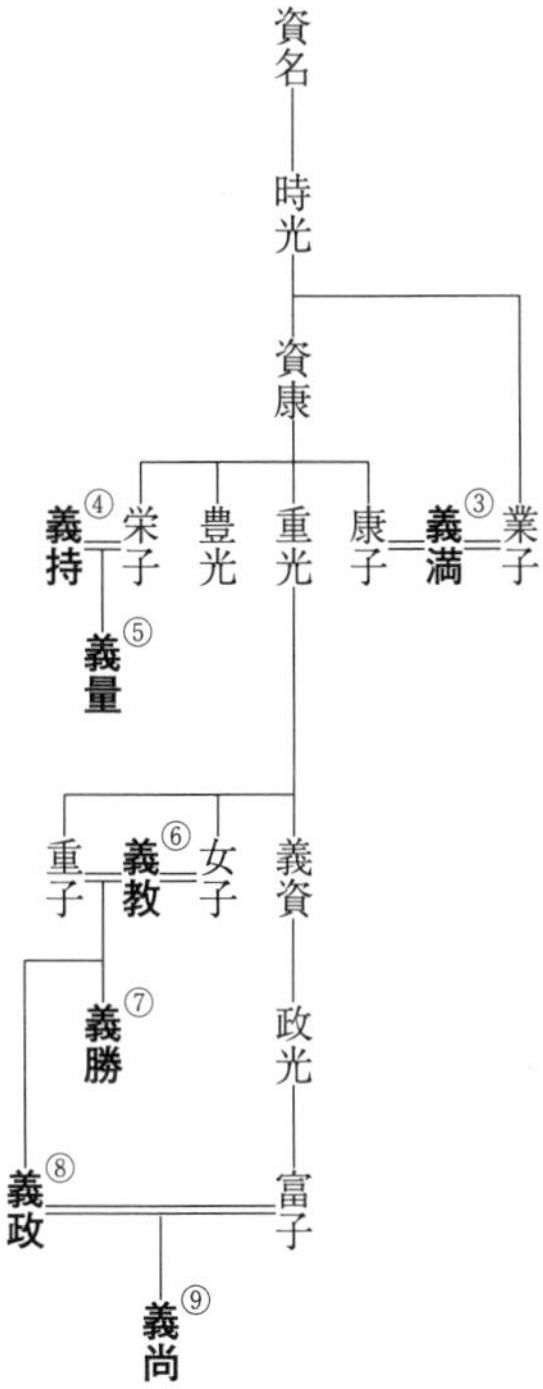

子どもたち

義持と栄子の間に義量《よしかず》が生まれたが、それ以外に子女等を儲けたのかどうかは不明であるが、『花営三代記《かえいさんだいき》』応永二十九年（一四二二）八月二十四日条に「御所様公文所《くもんじょ》より、北野社一七ケ日御参籠あり、御台様、両御喝食《かつじき》姫公御参宮」とあることより、女子が存在していたと思われる。

妻の死

栄子の死は永享《えいきょう》三年（一四三一）七月二十七日であった。『満済准后日記《まんさいじゅごうにっき》』に、「大方殿（日野栄子）今暁卯末か他界、今日御訪のため諸大名以下参る」とある。彼女の死を悼んで、将軍義教が何らかの行動をとったような記載は残されていない。

義持の女性関係

義持は父親の義満と違って女性関係は派手ではなかった。派手ではなかったが他にも女性が存在していたことも事実である。『兼宣公記《かねのぶこうき》』応永二十四年正月二日条によると、「室町殿に参る、当年女叙位行なわるべきか、然ば御台（日野栄子）一位事ならびに南向（徳大寺俊子《とくだいじとしこ》）、左大将妹なり、室町殿御妾なり」と、伝奏広橋兼宣は義持と、義持の正室日野栄子と同妾の徳大寺俊子等の加級《かきゅう》の相談をしているのである。栄子の一位への加階は先送りとなったが、俊子については無位から三位への叙任ということで決着している。俊子は義持の側室として寵愛されていたことが知られ、史料上にしばしば南向殿として現れる。その他の女性については、小兵衛督局なるものが義持の女子一人をもうけているが（『教言卿《のりときききょう》記《き》』応永十七年三月二十六日条）、詳らかではない。

嫡子義量

義持の子供については五代将軍となった義量は有名であるが、他の子息についてはあまり知られていない。義量については第七章でやや詳しく触れたので要点だけ記しておくことにする。義量は応永十四年（一四〇七）七月二十四日に生まれている。母は日野栄子である。二十四年（一四一七）十二月一日に加冠《かかん》して元服《げんぷく》し、正五位下右近衛中将に任じられた。義量は応永三十年（一四二三）三月十八日、十七歳で将軍に任じられている。義持は義量に将軍職を譲り、自らは同年四月二十五日、等持院《とうじいん》に渡り出家したのであった。義持・義量の親子関係でよく知られているのが飲酒をめぐる問題である。義持は大酒家であったが、父親に似たのであろうか、義量も酒を好んだので禁酒を命令していることはすでに述べたとおりである。日頃病弱であったとの噂があることより、義量は体が少し弱かったのではなかろうか、たぶんそのことを心配したためであろう。

義量急死

義持の心配は取り越し苦労ではなかった。義量が将軍に就任した二年後の応永三十二年（一四二五）二月二十七日に突然死去してしまった。享年十九歳であった。二十九日に等持院において茶毘《だび》にふされて同寺に葬られ、長得院鞏山道基《きょうざんどうき》の号が送られた。

義持の子どもたち

義持には他に子供はいたのであろうか。『教言卿記』応永十五年（一四〇八）十一月二十五日条によれば、義持の子女の若公二人、姫公一人が日野重光邸において、魚味の御祝を行なっている。さらに同記十六年十二月三日条にも「北山殿新若公魚味と云々」とあり、義量の生まれた年月より、これら三人の若公の一人は義量ではなかろうかと思われ、ことに応永十五年十一月二十五日に行なわれた魚味の御祝の二人のうちの一人が義量と推定される。ただし義量以外の男子二人についてはその後の動向が詳らかでないので、幼児の間に死去したのではなかろうか。また『兼宣公記』等に義持の女子の活動を示す記載があるが、この妹と思われる姫君の動静かどうかは確定できない。

『満済准后日記』応永二十一年三月十日条によれば、義持の妾であった徳大寺俊子腹の姫君が死去したと記されており、この女子は夭折したものと考えられる。『兼宣公記』応永二十九年（一四二二）十二月十九日条に、「今日大聖寺《だいしょうじ》御比丘尼《びくに》御所なるものが仙《せん》洞《とう》に渡御《とぎょ》し、室町殿姫君両喝食御所も同じく御参があった」とあり、室町殿（義持）の姫君二人の喝食御所が存在していたことが知られる。また大聖寺比丘尼御所とは、大聖寺に入った慈敬である。姫君二人について、義持が兼宣に言ったこととして、「両喝食御所の姉御所は、去四月一日仙洞に参上したとき料足《りょうそく》として万疋献上した、今回妹喝食は初めてであるので先例にならって万疋進めたいので、院に申し入れてほしい」というようなことが記載されている。ここに仏門に入った義持の女子二人が存在していることが知られる。これ以前の応永二十九年八月二十四日、正妻の日野栄子は伊勢参詣に出かけたのであるが、『花営三代記』によれば、栄子は両喝食姫公を伴っていたという。これは上述の二人の喝食御所であろう。これから推定すれば、両喝食姫二人は義持と栄子との間に生まれた子女ではなかろうか。また義持が死去したときに万里小路《までのこうじ》時房《ときふさ》は女子二人の外は継嗣はいないと記しているが（『建内記』応永三十五年正月十八日条）、女子二人とはこの二人の喝食姫であろう。その他義持の女子は夭折した女子（徳大寺俊子の子）と慈敬（大聖寺御比丘尼御所）、応永十七年三月二十六日に小兵衛督局から生まれ、慈受院《じじゅいん》に入った寿山瑞永と、大慈院《だいじいん》に入室した某、惣持院に入室した某の存在が知られている（湯之上隆「足利氏の女性と比丘尼御所」）。

以上、義持には男子三人、女子五〜六人、合わせて最低でも八〜九人程度の子供がいたことは疑いないところであり、そのうち義量以外の男子は幼少のおりに死去したものと考えられる。また、将軍義量も夭折している。

父足利義満

二　父母と兄弟

父義満の経歴はさまざまなところで語られているので概略だけにしておきたい。義満が生まれたのは延文《えんぶん》三年（一三五八）八月二十二日である。貞治《じようじ》六年（一三六七）十二月七日、父義詮《よしあきら》が三十八歳で死去したことにより、応安《おうあん》元年（一三六八）十一月三十日、征夷大将軍に補任《ぶにん》されている。十一歳の少年であり、管領《かんれい》細川頼之《よりゆき》が彼を補佐した。応安六年（一三七三）に参議に任じられ、以後昇進を重ねて、応永元年（一三九四）十二月二十五日、ついに令《りよう》制度の最高位である太政大臣《だいじようだいじん》となるのである。前述したように、これ以前の十二月十七日には、将軍の地位を子の義持に譲ったが、実質は義満が幕府の最高権力者として、公武の権力を掌握したのであった。次の年の六月三日、この太政大臣をも辞任し、二十日には出家するのであった。道号は天山《てんざん》、法名《ほうみよう》は道義《どうぎ》と称した。

この間、初期に義満を補佐した細川頼之が他の守護層と対立した機会をとらえて、頼之を管領の座から追い、幕政を安定化させるとともに、今川了俊《りようしゆん》を九州に派遣して、南朝方の征西府《せいせいふ》を滅ぼし、山陰の雄であった山名氏を明徳《めいとく》の乱で破り、応永の乱で大内《おおうち》義弘《よしひろ》を敗死させて有力守護との抗争に決着をつけた。さらに明徳三年（一三九二）には南北朝合体を成し遂げている。

また対外関係においては、応永十年（一四〇三）には永年の懸案であった明《みん》との国交を開き、冊封《さくほう》関係のなかで、明より「日本国王」に位置付けられている。そして義満は北山の地に華麗な邸宅を造り、その北山殿において政務を行ない、出家しても権力を握り続け「法皇」（現実に法皇であったわけではない）として行動するのであった。さらに十五年（一四〇八）三月に新装なった北山殿に後小松《ごこまつ》天皇の行幸を仰ぎ、次の月二十五日に子の義嗣《よしつぐ》が内裏《だいり》で元服した数日後に体調不良を訴え、あっけなく五月六日に死没している。

義持の父義満への思いはどのようなものであったであろうか。義持の言辞として、史料上に義持の父親にたいする思いが述べられているわけではないが、義持の行なった政治等によって、一般的には反発が強かったといわれている。義嗣への義満の対応からして当然そのように考えられる。事実、義満が生前に望んでいた義満への「太上法皇」の称号の贈与を断っていることからもそのようなことがいえる。鹿苑寺に義持の賛がすえられた義満の肖像画が残されている。この肖像画の作成は義満が死去した直後の六月下旬ころであったという。画は土佐行広の筆である。高岸輝氏によれば、その上部の義持

足利義持による賛文

の賛文は、北宋を滅亡させた徽宗の三回忌のおりに、大慧宗杲の行なった説法の冒頭部分であり、このような賛文を選んだことは、亡国の暗君である徽宗と義満とを重ねており、そこには義持の冷めた視線が描かれており、父との決別を宣言したものであるとされている（「足利義満の造形イメージ戦略」）。しかしこの義持も応永二十一年（一四一四）の義満の七回忌には、義満追善供養のために、後小松上皇、幕府中枢の諸大名、義満と関係の深かった公卿や僧侶等、公武聖俗の有力者をそろえ、義持自身も参加して、清涼寺本「融通念仏縁起絵巻」を製作している（高岸輝『室町王権と絵画』）。義持の父義満にたいする思いも変化してきていることを示している。

母藤原慶子

義持の母は藤原慶子である。彼女についてはすでに触れたが、もう一度確認しておきたい。慶子は六代将軍となる足利義教の生母でもある。慶子は三宝院《さんぼういん》の安芸法眼《あきほうげん》の女で、義満の側室であった。慶子は義持・義教以外に入江殿聖仙《せいせん》を義満との間にもうけている。彼女は北向殿と称されたが、応永六年（一三九九）五月八日に死去しており、従一位が贈られた。

義持の兄弟・姉妹

義持の兄弟・姉妹は多かった。特質すべきは義嗣と義教である。義嗣についてはすでに触れているし、義教についても多くの著書・論文があるので簡単に述べておきたい。

弟義嗣

義嗣の生母は春日局《かすがのつぼね》であり、幕府評定衆《ひょうじゅうしゅう》の掃部頭《かもんのかみ》摂津能秀《せっつよしひで》の女といわれている（臼井信義『足利義満』）。応永元年（一三九四）に生まれ、天台宗の門跡《もんぜき》（三千院）に入室したのであるが、義満は梶井（三千院）から連れ出し、日野康子のもとにおき、寵愛したという。義嗣が華々しく歴史の舞台に登場してくるのは、応永十五年二月二十七日、義満に伴われて童殿上《わらわでんじょう》を遂げたときからである。まだ元服以前の十五歳であったが、三月四日に従五位下、二十四日に正五位下、左馬頭《さまのかみ》、二十九日従四位下、二十九日左近衛中将に任じられたのである。三月八日に後小松天皇が北山邸に行幸し、同月二十八日に還幸したのであったが、この間、元服前の童子が天盃《てんぱい》を受けるという先例がないことも行なわれた。そして四月二十五日に内裏で元服するにいたるのであった。

しかし、義嗣にとって不運であったのは、その直後に義満が急死したことである。

『椿葉記《ちんようき》』には、「鹿苑院殿《ろくおんいんどの》の若公、梶井の門跡へ入室ありしを愛子にてとり返し、いと花やかにもてなされしほとに、この行幸にも舞御らん色々の御あそひともにさふらはれて、色花にてそありし、その四月に内裏にて元服して義嗣となのらせたまふ、親王元服の准拠なるやうにていと厳重なりし、御このかみ勝定院をもおしのけぬへく、世にはとかく申あひし程に、さためなき無常のならひのうたてさは、おもひもあへす、いく程ならて同五月六日准后薨給」と、この間のことを伏見宮貞成《ふしみのみやさだふさ》は簡潔に論じている。その後権《ごん》大納言《だいなごん》まで昇進するのであるが、自身の「野望」と守護・近臣層による幕府内部の「陰謀」と「暗闘」に関与したと思われ、権力闘争に敗れ、すでに述べたように禅秀《ぜんしゅう》の乱中に出奔して、応永二十五年（一四一八）正月二十四日に討たれてしまう。享年二十五歳であった。円修院（林光院《りんこういん》）孝山道純《こうざんどうじゅん》と号する。

謀殺

弟義教

義教については別に人物叢書での企画があるので、経歴のみにしておくことにする。義教は応永元年（一三九四）六月十三日に生まれた。この年には義嗣も誕生している。生母は義持と同じ藤原慶子である。応永十年（一四〇三）六月、十歳のときに青蓮院《しょうれんいん》に入室して義円《ぎえん》と称するようになった。応永二十六年（一四一九）十一月に大僧正《だいそうじょう》に昇り、天台座主《ざす》となり、さらに准三后宣下も受けた。

くじびき将軍

しかし、義持が三十五年正月に死没したことにより、義円（義教）の人生は大きく転換していく。くじ引きによって後継者となった義円は還俗《げんぞく》して名を義宣《よしのぶ》と改め、正長《しょうちょう》二年（一四二九）三月九日に元服し、十五日に参議左近衛中将となり、征夷大将軍に任じられた。そして同日、名を義教とした。義教は将軍となると積極的に朝廷・幕府の綱紀の改革をはかり、それなりの成果をあげたのであるが、他面において恐怖政治をも展開した。さらには強権を発動し、比叡山の僧兵等に対しても容赦のない弾圧を加えた。また従来から対立していた鎌倉府《かまくらふ》の持氏《もちうじ》を討ち（永享の乱）、持氏の子春王《はるおう》・安王《やすおう》等を担いだ関東の豪族層の反乱である結城《ゆうき》合戦を鎮めた。九州の統治も大内氏の力を利用して安定化に努めた。

足利義教像（妙興寺蔵）

義教の命取りになったのは、足利家の家督・将軍権力を絶対的なものにしようとした政治姿勢にあった。義教は義持時代から続いていた守護との協調的慣行を打ち破ろうとし、守護等と厳しい対立を引き起こしたのである。山名・一色《いっしき》・土岐《とき》等の守護を弾圧したり、暗殺したりして押さえたが、嘉吉《かきつ》元年（一四四一）六月二十四日に赤松満祐《みつすけ》によって殺害されてしまう（嘉吉の乱）。四十八歳であった。満祐との相克も義持のときと同様に家督・所領をめぐる問題であったと思われる。贈太政大臣。普広院善山道《ふこういんぜんざんどう》恵《え》と号する。

他の兄弟

義持のその他の兄弟については、臼井信義『足利義満』を参考にして述べれば、つぎの通りである。

尊満

青蓮院尊満《そんまん》。母は加賀局《かがのつぼね》（実相院《じっそういん》の長快《ちょうかい》の女）。永徳《えいとく》元年（一三八一）正月十一日生まれ、義持の庶兄である。後に青蓮院を出て、禅宗に帰依して香厳院《きょうげんいん》に入り、友山清師《ゆうざんせいし》と称した。

法尊

御室法尊《おむろほうそん》。応永三年（一三九六）十二月晦日生まれ。生母不詳。応永十六年（一四〇九）十一月七日に仁和寺《にんなじ》で得度《とくど》。同十九年四月准三后の宣下を受けた。応永二十五年（一四一八）二月十五日に病没。二十三歳。

永隆

虎山永隆《こざんえいりゅう》。義持後継者のくじに選ばれた一人。生母池尻殿《いけじりどの》。応永十年（一四〇三）生まれ。伏見退蔵庵《ふしみたいぞうあん》に居する。後に相国寺常徳院《しょうこくじじょうとくいん》に移る。嘉吉二年（一四四二）二月十八日死去。享年四十歳。

義昭

大覚寺義昭《だいかくじぎしょう》。義持後継者くじの一人。生母は不明。応永十一年（一四〇四）生まれ。応永二十一年（一四一四）五月に得度し、二十八年（一四二一）僧正、東寺長者《とうじちょうじゃ》に補任される。将軍義教と不和となり、永享九年（一四三七）七月に大覚寺を逐電して、九州に渡ったが、嘉吉元年（一四四一）三月十三日に島津《しまづ》氏によって討たれた。時に三十八歳。

義承

梶井義承《かじいぎしょう》。義持後継者くじの一人。母は藤原誠子《ともこ》で、応永十三年（一四〇六）に生まれる。十九年（一四一二）三月に梶井門跡に入室。応仁元年（一四六七）十月十八日死去、六十八歳。

義持の姉妹

その他夭折した男児数名がいた。また女性は義持と同母に入江殿聖仙がいる。応永四年（一三九七）に生まれる。応永八年（一四〇一）六月八日、浄土宗の比丘尼御所入江殿三時知恩《ちおん》寺《じ》に入った。応永二十二年（一四一五）三月一日死去。享年十九歳であった。大慈院聖久《だいじいんせいきゅう》は応永二年（一三九五）に生まれ、永享五年（一四三三）閏七月十三日に没した。大慈院聖超《せいちょう》・法華《ほっけ》寺尊順《じそんじゅん》等も義満の女として知られている。

以上のように義持の兄弟・姉妹の多くは桑門《そうもん》に入り、人生を送っている。桑門から出て還俗したものの末路は必ずしも幸福ではなかった。義嗣は義持に殺害され、義教は赤松満祐に暗殺され、大覚寺義昭も殺害されている。

第十一　義持の死

一　義持の発病

義持発病

応永《おうえい》三十五年（一四二八）があけた。この半月ほど後に政治的な激変が起こるとは誰も想像しない、静かな正月であった。満済《まんさい》の日記から義持の発病とそれ以後の行動をみていくと、義持は例年通りに正月一日に三条八幡に参詣し、二日には管領《かんれい》畠山満家《みついえ》邸に渡御《とぎょ》し、さらに四日にも管領邸に渡っている。六日には鹿苑院《ろくおんいん》に詣でて正月を祝っている。ところが、次の日の七日になると、「室町殿御座下御雑熱出来ると云々、今日御風爐《ふろ》においてカキヤフラル、間、御傷これありと云々、ただし殊なる事あらずと云々」と、義持が風呂で尻にできた出来物をかき破ったことにより、熱が出たというのである。

加持祈禱

八日には護持僧《ごじそう》六人が室町殿に参賀し、加持祈禱《かじきとう》を行なったが、九日に医師の三位房《さんみぼう》允能《いんのう》から満済に連絡があり、義持は昨夜より風気（風邪）で雑熱がでており、傷も盛り上がってきたが、両方ともにどうということもないと言ってきた。満済は医師の言葉を信じて安心しきっていた。十日は僧俗が室町殿へ参賀の日であったが、雑熱で座ることもできないような状態であったので、この件は延引している。また明日は満済の坊に来るかどうかを問い合わせている。『建内記《けんないき》』によれば、この日に傷は馬蹄形に盛り上がってきていたという。かなりひどい傷の状態ということができよう。

評定始に出席

十一日になると、例年満済の坊（法身院《ほうしんいん》、在京中の満済の居所）に渡御するのが佳例であったが、医師三位より内々、「御風気御雑熱なお不快に御座の間、今日その御門跡《もんぜき》へ渡御の事心もとなく存知申すと云々」と、たぶん渡御できないであろうと伝えてきたが、連絡のとおり渡御できないと断ってきている。この日は幕府にとって重要な評定始《ひょうじょうはじめ》の儀式がある日であったが、この儀式に義持は近臣に手を引かれて「出御」するつもりであるといい、無理をして出席したようである。評定始が終わると、通例と異なって管領以下が部屋から罷り出て、次に御所（義持）が退出したのであるが、それも人に手を引かれてという状態であった。このような異例を行なったのは何故かといえば、もし義持が転倒でもしたら、年始めの儀において不吉であるからであるという。『師郷記《もろさとき》』によれば、「片時」（ほんの少しの時間）だけ出席したという。

渡御延引

十二日には毎年恒例として、義持は武衛《ぶえい》（斯波義淳《しばよしあつ》）邸に渡御する日であったがこれも延期している。十三日に満済は室町殿に参って義持と対面したのであるが、傷はますます重く腫れあがり、横になって寝たままで、座ることが到底できないような様子であった。深刻な事態に直面した満済は、自らも加持を行なうとともに、聖護院准后《しょうごいんじゅごう》・実相《じっそう》院僧正《いんそうじょう》等、各寺の高僧に義持の傷平癒の祈禱を依頼したのであった。

寝所で椀飯を行なう

十五日は山名《やまな》刑部少輔《ぎょうぶのしょう》が椀飯《おうばん》を行なうことになっていたが、義持が山名のもとに行くことは無理であった。それで義持の寝所に山名を招いて、形ばかりの椀飯の儀礼を行なったのであったが、『建内記』によれば、傷は腐ってきていた（壊疽《えそ》か）という。十六日には重体に陥った。満済が戌《いぬ》の初め（午後七時判頃）に洛中の法身院に参ったところ、義持より何回も使者が来て、急いで来るようにとのことであった。急いで御前に参上すると、「以ての外御窮屈、すこぶる肝を消す計りなり」と、衰弱してきわめて重篤になっていた。この時に義持は覚悟したのであろうか、「思い定めるに、四十三歳で死去しても思い残すことはない。しかし、お祈りはよろしいように御祈り方に申し付けてほしい」と述べたという。そして義持は「御工夫計リニテ御座あるべし」と、禅宗による来世の世界を考えているようであると満済は記しているのである。この段階で義持は観念したようである。

二　義持重篤と宿老たち

義持重篤

十七日になると義持はかなり危険な状態となり、管領以下の守護層も事態の深刻さに慌てふためき、騒然とした状況になってきた。この日、管領畠山満家、斯波義淳、細川持元《もちもと》、山名時熙《ときひろ》、畠山満慶《みつよし》等の宿老《しゆくろう》と近習《きんじゆう》が満済の壇所に集合して、談合を始めた。その内容は、家督相続を誰にするかということ（「御遺跡相続御人体の事」）、義持の治療のこと、御祈りのことの三点であった。治療と祈りはもはや頼みがいがないから、後継者決定が重要であるとして、満済が状況をみて誰にするか義持に伺おうということで、会合を終えて散会した。

後継問題

ところが管領畠山が満済のもとに帰ってきていうことには、途中で等持院《とうじいん》・等持寺の両長老に合い、相続について尋ねられたので、満済のところで会合を開き、後継問題について義持に申し入れる予定であると述べたところ、両長老もこれから義持に会い、相続の件を伺う予定であるといったというのである。その後に長老等が義持に会い、相続について伺った結果は、「御相続の御仁体のこと、申し入るる処に、上（義持）としては定めらるべからざるなり」と、義持は後継者を決定しないと伝えたということであった。

義持の意向

義持の意向を知った管領以下の宿老は、満済にたいして天下の重大事であるから再度義持の意思を確認せよと迫ったので、満済が義持の寝所に赴くと、近臣と末期の酒を酌み交わしているところであった。近臣を退出させ、後継者について尋ねたところ、「たとえ御実子御座あるといえども、仰せ定めらるべからざる御心中なり、いわんやその儀無し、ただともかくも面々相計らいしかるべき様定め置くべし」というものであり、家督相続者を義持が決定せず、宿老等に任せるというものであった。『建内記』には、弟たちはその器ではないこと、またたとえ指名しても、諸大名が支持しなければ政治がうまくゆかないことが後継者を指定しない理由だといったと書かれている。

満済の提案

義持の意向を聞いた満済は、義持にたいして、家督相続者の決定を迫られる宿老たちは非常に当惑して何度も申し入れてくるであろうから、兄弟の中から「器用」な人物を指定したらと提案し、もし彼らが義持の意向にかなわなければ、兄弟四人の名前を書き八幡の神前でくじを引き決定したらどうであろうと述べたところ、義持もこの提案に同意したのである。この点について『建内記』は伝聞としながら、兄弟四人のクジ引きを提案したのは、諸大名であり、満済がそれを義持に取り次いだところ、八幡神前でくじを引き、神慮に任せようと義持がいったという。そして宿老・諸大名もこれに同意したというのである。

三　くじによる家督相続者の決定

くじ引きの条件

しかし義持は「くじ引き決定」に条件をだした。それは自分が存命中はくじでの決定をするなということであった。その理由は、義持は神慮を頼みとして、あくまでも自分の子の男子の中から後継者を選ぼうとして、石清水八幡に願をかかげていた。このことはすでに述べたことであるが（第七章を参照されたい）、義持は義量《よしかず》が若くして死去した後、後継者としての男子の誕生があるかどうかを八幡宮の神前で占っているというのである。その方法は、家宝の鬼神大夫という剣を奉納するかどうかというくじであった。その結果は男子出生との神慮となったのであり、さらにその夜に男子誕生の夢をみ、神がそのことを告げたのだという。このような事実があるから今まで家督相続者を決めなかったのであり、自分の存命中にくじで兄弟の中から後継者を決定すれば、二度も神に伺うことになり、そもそも先の神慮に反することになるというのであった。

くじ引きの方法

しかし義持はその夢がかなわないことを悟り、また諸大名の懇望もあって、死後における「くじ引き決定」を了承したのであった。満済から義持の思いを聞いた重臣は、その意図を了承した後に相談した結果、「御没後には神前において左右なくこの御鬮取りがたかるべし」と、義持の没後に神前でくじを取りがたいという理由で（すなわち、くじを引くまでの家督継承者の不在は、混乱が起こるかもしれないから、よくないという理由で）、今日（十七日）あらかじめくじを作り、内々にそれを神前で取り、死去した直後に開封するということに決したのである。

くじの作成

くじは満済が作り、「続飯《そくい》」で堅く封をして、その上に山名右衛門佐《うえもんのすけ》（時熙）が「封を書」いた（たぶん花押《かおう》を書いたのであろう）。そして管領畠山満家一人が「八幡へは参詣せしめ給うべきの由申し定めおわんぬ、よって管領戌の終りに参詣、神前において御鬮を給て亥の終りに罷り帰る」と、満済・山名・畠山の宿老によって後継者決定のくじがなされたのであった。

四名の候補者

ところで兄弟四名とは誰かといえば、『建内記』によれば、青蓮院准后《しょうれんいんじゅごう》（義円前大僧正《ぎえんさきのだいそうじょう》、天台座主《ざす》）、大覚寺《だいかくじ》大僧正（義昭《ぎしょう》、東寺長者《とうじちょうじゃ》）、相国寺《しょうこくじ》僧隆蔵主《そうりゅうぞうしゅ》（永隆《えいりゅう》）、梶井《かじい》僧正《そうじょう》（義承《ぎしょう》）

と書かれている。前述したようにもう一人兄弟が存在していた。それは香厳院主尊満《きょうげんいんしゅそんまん》である（法尊《ほうそん》という兄弟もいたが、彼は応永二十五年に死去している）。しかし彼は「子細」があって除かれたとされている（『建内記』）。その子細とは、彼の実母は中山宰相中将親雅《ちかまさ》の元妻であったが、義満が奪って妾にして生ませた子供であったので、その血統に疑問が持たれたと推定されている（今谷明『籤引き将軍足利義教』）。

八幡宮の所在

今までくじを引いた場所を八幡宮とのみ記してきたが、この八幡宮はどこであったのであろうか。石清水八幡宮、六条八幡宮、三条八幡宮が比定されて、議論されてきている。『満済准后日記』には八幡宮としか書かれていないが（中原師郷の日記も同様）、『建内記』には「筥《はこ》に入れ、畠山入道、時に管領なり、石清水八幡宮に持参す」（正月十八日条）と、石清水八幡宮と明記されているのである。これにより石清水八幡宮と断定してもよいのではないかと思われるが、『建内記』は伝聞であることと、もう一つの「弱点」と思われる点があるので六条八幡説と三条八幡説が存在するのである。それは、満済の日記に「戌の終（午後九時前）に参詣し、亥の終（午後十一時）に帰る」とあることより、洛中の幕府を午後九時に出発して、石清水八幡宮に参詣して、午後十一時に幕府に帰ってくるのは時間的に無理があり、二時間では往復できないというわけである。

時間的問題

今谷明氏の指摘

この点に関して今谷明氏は前掲書において、「戌の終」に幕府から出発したのではなく、この時刻に石清水八幡宮社頭に到着したのであり、「亥の終」が幕府に帰参した時刻で、復路のみならば二時間で可能であるとし、八幡宮は石清水八幡宮であると断じたのである。私もこの今谷説を支持したい。というのは、時間の問題だけでなく、満済が八幡宮というときにはほとんど石清水八幡宮を指しており、六条八幡宮や三条八幡宮を示すときには、六条八幡宮あるいは三条八幡宮と明示しているからである。

四　義持の死と義教の登場

義持の最期

管領畠山満家が石清水八幡宮に出発する以前の午後六時ころに義持は危篤になり、人事不省におちいった。公家・武家・僧侶等が幕府に群参して大混乱となっていった。翌十八日「今日巳半刻ばかりか、御事切れおわんぬ、御年四十三なり」(『満済准后日記』)と、十時ころ死去したのであった(敗血症ではなかったかと推測されている)。享年は四十三歳であり、禅僧が湯灌し、宿老等が焼香して退室したのであった。

上皇の対応

義持の死に対しての朝廷側の対応について、後小松上皇は義持が重態に陥ったときに義持を見舞うために御幸しようとしたが、義持はこれを辞退した。そしていよいよ危篤となったとき、時房等は義持への准后宣下を求めたが、上皇は義持が出家する以前に内大臣から転任すること（加階）を辞退したのであるからと、勅許しなかったのであった。この勅定にたいして時房は、すでに臨終の間際であるので、その功労を賞するべきではなかろうかと不満を述べているのである（『建内記』応永三十五年正月十七日条）。

くじの開封

義持が没したことにより、いよいよくじの開封となった。満済によると、「管領以下諸大名おのおの一所に参会して、昨日神前において取る所の御鬮、これを開きおわんぬ、管領これを開くなり、青蓮院殿たるべき由の御鬮なり、諸人珍重の由一同にこれを申す」と、管領以下の諸大名が集まり、くじを開いたところ、青蓮院義円（後の義教《よしのり》）があたったのであった。

開封に関する諸説

ところで『建内記』には、石清水八幡宮で管領畠山が神前の御棚の上から二度くじを引いて、二度とも義円が当たり、また他人がもう一度試みて義円であったと書かれているが、伝聞で、やや疑問があるのでこの説は採らない。なお、このくじは前もって義円となるように捏造されていたのではないかとの疑念を持つ説も存在するが、この疑念の根拠となる明確な証拠がないのでこの説も支持しがたい。

十九日に諸大名が義円のもとに参り、くじの結果を告げたところ、義円は種々辞退したが、面々が強く要請したので、足利家の家督相続を了承し、青蓮院にいることはよろしくないということで、その後、裏松《うらまつ》（日野義資《よしすけ》）邸に入ったのであった。天皇・上皇ともに日野資教を勅使となして、義円の相続を賀したのであった。この日、義持の遺体は等持院に移された。二十二日に贈太政大臣の宣下《せんげ》があり、二十三日に義持は等持院において荼毘《だび》にふされ、遺骨が納められた。法号は勝定院顕山道詮《しょうじょういんけんざんどうせん》であり、位牌「勝定院殿贈大相国一品顕山大禅定門《けんざんだいぜんじょうもん》」は相国寺勝定院に安置されたのであった。

義持の政治的地位と評価
——おわりにかえて——

応永十五年（一四〇八）五月の家督相続から応永三十五年（一四二八）正月までのほぼ二十年間が、義持が国政をリードした時期であった。この二十年間は室町時代の中ではもっとも平穏な時期であったといえよう。政治史上の歴史的事件としては、遠い東国において上杉禅秀《ぜんしゅう》の乱が起こり、それに関連して弟の義嗣《よしつぐ》が反旗をひるがえすという事件が発生した程度であり、その他としては散発的に旧南朝勢力が蜂起するというような状況であった。しかし社会の深部では、徳政《とくせい》一揆につながっていくような深い矛盾が蓄積されていった時代でもあり、民衆の力が一気に爆発する前史でもあった。

この二十年間をリードした義持の政治を「遊惰に浸った政治」、あるいは「退嬰的な政治」とみる見解が強い。この時期は室町時代の中でも、あまり特徴がない時代であり、義持の将軍としての評価もあまり高くない。しかし、平穏・「平和」的に政務を処理したことにより、「善政・仁政《じんせい》」の時代とみなすことも可能であろう。「遊惰の政治」か「善政」か、どちらともとれるような政治であったともいえるが、単純に割り切れるようなものでもなかった。

義満政権の継承と断絶

義持が家督を相続する直前の時代は、北山邸に権力の中心があり、父義満が国家権力を彼の手に集中して専権を振るっており、「公武統一政権」とも、義満の「院政」ともいわれる時代であった。また中国の明から「日本国王」に封じられてもいた。このような義満政権から義持は何を引き継ぎ、何を引き継がなかったのであろうか。政治の安定化を導いた原因は何であったのであろうか。そして義持時代の権力の形態をどのように評価すべきであろうか。ただ退嬰的政治との規定だけでよいであろうか。このような点について最後に簡単に触れておきたい。

為政者の自覚

義持は権力者として当然専制的な側面は持っていた。しかし、為政者としての資質はどうかと問われれば、為政者としての自覚がまったくなかったわけではなかった。応永二十年代後半に続いた飢饉に際して、義持は飢饉を理由に八朔《はっさく》の贈答を禁止したり（『看《かん》聞日記《もんにっき》』応永二十七年八月一日条）、次の年の正月二十二日には、幕府の諸将に命令して五条河原において貧民への炊き出しを行なっているのである（『看聞日記』）。後の応仁《おうにん》の大乱前後の大飢饉や混乱のおりに、豪奢な生活や大規模な土木工事に走った足利義政《よしまさ》などと比較すれば、一応当時の社会状況へ対応する為政者としての視点を持っていたということがいえ、身を律する価値観は持っていたのである。この価値観の形成には神仏への信仰、ことに禅が深く関わっていたものと推測される。

権威確立の問題

義持が家督を継いだときに、多くの課題が存在していた。義満が残したもっとも大きな遺産は、義満が構築した公武を超越した強大な権力であった。この地位を義持はどのように引き継いでいくかということが、義持政権の最大の課題であったといえよう。義満の遺産はプラスの面とマイナスの面と両方存在していたが、義持には少なくとも義満ほどのカリスマ性がなかったことは事実であり、権威をいかに確立するかが家督相続後、当面する最大の問題であったといえる。この権威と関わって、義持は明《みん》から封《ほう》じられた「日本国王」の地位を捨て、義満の遺産を引き継がずに、明と国交断絶したのは周知の事実である。この決断は、「神国」の観念に凝り固まった支配層の一定部分の共感をえるものであった。グローバル化した東アジア世界を見渡したとき、明との国家的・外交的な関係である冊封《さくほう》関係を解消しても、経済を中心とする東アジア世界の中においては、日本の地位はほとんど変化がなく、各地域・国との経済交流はますます深まっていたし、冊封関係の解消は国内における義持の権威の確立等ともあまり関わりはなかった。

義持の政治については、宿老《しゅくろう》（在京の有力守護）とのかかわりについて従来から注目されており、足利家の家督として宿老と連携しながら政治を行なったことは義満の政治と大きく異なっている。この点は政治の安定化を導いた一つの要因であろう。さらに義持の政治運営を検討するうえでもっとも注目しなければならないのは、朝廷との関係である。朝廷側の上皇・天皇・摂関《せっかん》等の公卿《くぎょう》とどのような関係を結んだかが、義持権力の質をみるうえで重要である。義満が構築した権力の様態は、義持に征夷大将軍を譲り、さらに太政大臣を辞任する以前（義満政権前期）と以後（後期）では異なっている。北山に壮麗な邸宅を築き、そこで国家の最高の政策が決定された北山時代には、義満は全権を掌握し、「院政」を行ない、「上皇の礼遇」を受け、書札礼《しょさつれい》を「上皇の様式」のように求めたとか、北山邸は「第二の紫宸殿《ししんでん》」としたとか、天皇の「准父《じゅんぷ》」としての地位を得たとかいわれている（今谷明『室町の王権』による）。しかし義持は、北山時代の義満が追求めた上記のような政治的立場はすべて放棄している。このようなことから義持は、義満に反発して、まったく反対の態度をとったとの評価がなされているが、義持が権威を振るうことができた源泉は、足利家の家督継承者そのものであったことは事実である。

足利家の家督を盤石にしたのは義満であったのであるが、その面では義持は義満の大きな遺産を引き継いだのである。しかし義満ほどのカリスマ性がない義持は、神仏への帰《き》依《え》と武門を重視しながら、義満政権前期の権力様態へ回帰することによって、公武の二権門《けんもん》の存在を認め、それらの権力を調整・統合しながら、政治の安定化をはかろうとした。

朝廷への態度

義持の朝廷に対する態度は、すでに述べたように、義満によって奪われていた朝廷側の権限について、公家に対する安堵《あんど》権等の一部を復活させたこと（ただしそれは全面的な復活ではない）に現れている。義持が朝廷側に求めた自分の政治的地位は、摂関的な地位であったこと、皇位継承に腐心し、天皇制維持に努めていること、後小松《ごこまつ》上皇との間は円滑であり、協調して国政にあたっていたこと等を指摘できる（二人とも暗愚な君主との評価がないわけではない）。しかし、武士への叙位《じょい》の口宣案《くぜんあん》の袖に義持が花押《かおう》を据えているように、武士に対する朝廷側の行為に対しては義満以上に介入していることを指摘できる。

義持と義満の立場

以上のような義持の政治的立場は、太政大臣辞任以前（前期）の義満の立場と大方は同一であったといえる。義満は、内大臣《ないだいじん》に任じられた以後、すべての点で摂関家にならうようになったとされている（臼井信義『足利義満』）。そして義満の立場を後押ししたのは二条良基《にじょうよしもと》であった。たしかに義満と後円融《ごえんゆう》天皇との間には、強い緊張関係が存在するときもあったが、基本的には天皇（上皇）と摂関的な廷臣《ていしん》、最大の実力者という関係が続き、協力して国政運営にあたっていたといえる。この点が後期の義満の政治様態と異なっているといえる。

義持が継承したもの

義持が義満から引き継いだのは、義満の前期の政治的立場と運営であった。前期における義満も、廷臣の人事に介入したり、機嫌を損ねて追放したりすることはままみられたが、義持もこの点まったく同様であった。義持は「北山時代の義満の権力者としての立場」、「北山時代に形成された明との冊封関係」を捨て、武門を重視し、朝廷との関係は義満の太政大臣辞任までの政治的立場に帰ったのである。

この義持の地位から、この時代の国家権力の在り方を推定すれば、天皇を中にして、院・摂関（公家）と、准摂関たる地位を占め、武門を統括する足利家の家督の二権門が存在し、両権門が協調・協力して国政の運営にあたっていたといえよう。富田正弘氏は義持時代のこのような政治形態を「公武二頭政治」あるいは「公武融合政治」と呼んでいる（「嘉吉《かきつ》の変以後の院宣《いんぜん》・綸旨《りんじ》―公武融合政治下の政務と伝奏―」）。天皇が形式的であっても王権の掌握者であり、院と武門の二権門によって政務がなされていたことより、私もこの期の政治を「公武二頭政治」という表し方は基本的に支持できる見解である。それは権門体制的な国家の変形したものとみなすことができるからである。

義持以後の権力形態

公武両権門によって権力が構成されていたというのが中世後期の一般的な権力形態であり、次の将軍である義教《よしのり》の時代も、基本的には同じであった（部分的には北山時代の権力の在り方に復活した点もみられる）。義教が武門の棟梁として、「公家の儀にあらず、一向武家の申沙汰」（『看聞日記』正長二年三月九日条）で元服《げんぷく》し、政務を行ない始めたことはよく知られており、公武両権門によって構成される権力形態は応仁の乱の直後（十五世紀の末）まで続いたということができよう。ただどちらかの権力が極端に強くなったり、弱くなったりしてバランスが崩れた場合は、一方の権力が強く歴史の表面に現れてくるのである。たとえば、義持が死去して、義教が家督を継承したおりに後小松上皇が強権的態度をみせたことや、将軍義教が赤松満祐《みつすけ》に殺害された嘉吉の乱後に、天皇権力の復活がみられ、「治罰《ちばつ》の綸旨」等が出現してくるという事態がみられるが、それは幕府・将軍権力が弱体化したことによる現象である。これは天皇権力の復活ということだけではなく、本来あるべき権力形態のアンバランスから起こったものとみなすことができよう。室町期国家の王権を構成する主要な核である院（治天）が不在で、室町殿も幼少であれば、当然のこととして天皇の政治的地位が向上してくるのである（第三章五の「義持時代の公武関係図」を参照されたい）。

中世の権力形態

日本の中世という時代において、権力が集中する専制的な権力形態が出現するのは、建武《けんむ》政権の三年間と義満政権の後半の十四〜五年である。この十七、八年は、長い中世という時代の中では、例外で特殊な権力形態が存在した時期と考えるべきである。義満が王権を掌握したとの説もあるが、義満の掌握した王権について、神や仏と関わる観念的権威や身分制との関係で検討しなければならない点も存在する。

もちろんなぜこのような特殊な権力が出現したかを検討することは重要であるが、北山時代の足利義満が振るった権力の在り方をもって、室町時代の権力構成の一般的・普遍的な在り方とみなすのではなく、義持時代の権力の様態こそ、室町期権力の一般的在り方であるとみなすべきである。

調整型権力者

足利義持の政治家としての評価はあまり高くはないが、室町期の国家権力の在り様からみたならば、義持はトップダウン型の専制君主というより、この期に適合的などちらかといえば調整型の権力者（もちろん専制的な側面も強く存在した）であったといえ、そのような政治の形態を通して二十年間の平穏を保ったということができよう。彼の思想や好みを検討すると「派手好み」ではなく、「地味」的なものを尊重した。禅において、林下《りんげ》の隠遁者を好んだり、水墨画の新たな境地を開こうとしたり、田楽《でんがく》や猿楽《さるがく》においても渋い芸を求めているのである。このような義持の思考・嗜好が上述のような政治形態を導いた要因の一つとも考えられるのである。

室町時代(応仁の乱以前)の京都概略図
(『京都の歴史』第3巻別添地図・『一揆の時代』掲載地図を参考にして作成)

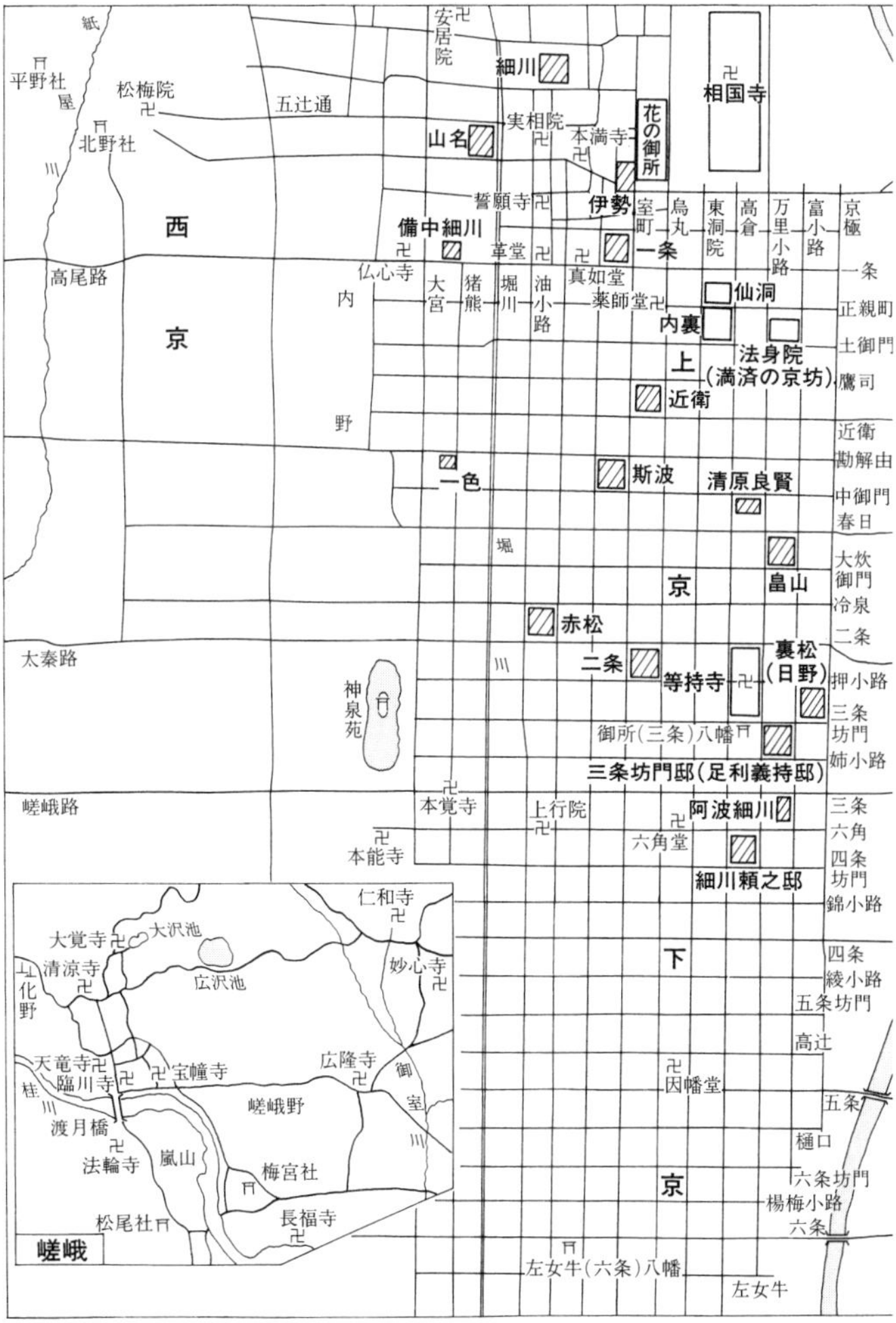
紙屋川
平野社
北野社
松梅院
五辻通
安居院
細川
相国寺
実相院
山名
本満寺
花の御所
誓願寺
伊勢
室町
烏丸
東洞院
高倉
万里小路
富小路
京極
西京
備中細川
革堂
一条
真如堂
仏心寺
大宮
猪熊
堀川
油小路
薬師堂
仙洞
高尾路
内野
正親町
内裏
土御門
法身院（満済の京坊）
上
鷹司
近衛
一色
斯波
清原良賢
勘解由
中御門
春日
堀川
大炊御門
京
畠山
冷泉
赤松
二条
太秦路
二条
等持寺
裏松（日野）
押小路
神泉苑
三条坊門
御所（三条）八幡
姉小路
三条坊門邸（足利義持邸）
嵯峨路
本覚寺
上行院
阿波細川
三条
六角
六角堂
本能寺
四条坊門
細川頼之邸
錦小路
仁和寺
大覚寺
大沢池
清涼寺
化野
妙心寺
広沢池
四条
綾小路
下
五条坊門
天竜寺
臨川寺
宝幢寺
広隆寺
御室川
高辻
因幡堂
桂川
嵯峨野
五条
渡月橋
法輪寺
嵐山
樋口
梅宮社
京
六条坊門
楊梅小路
松尾社
長福寺
六条
嵯峨
左女牛（六条）八幡
左女牛

室町時代の京都概略図

足利氏略系図（丸数字は将軍継承順）

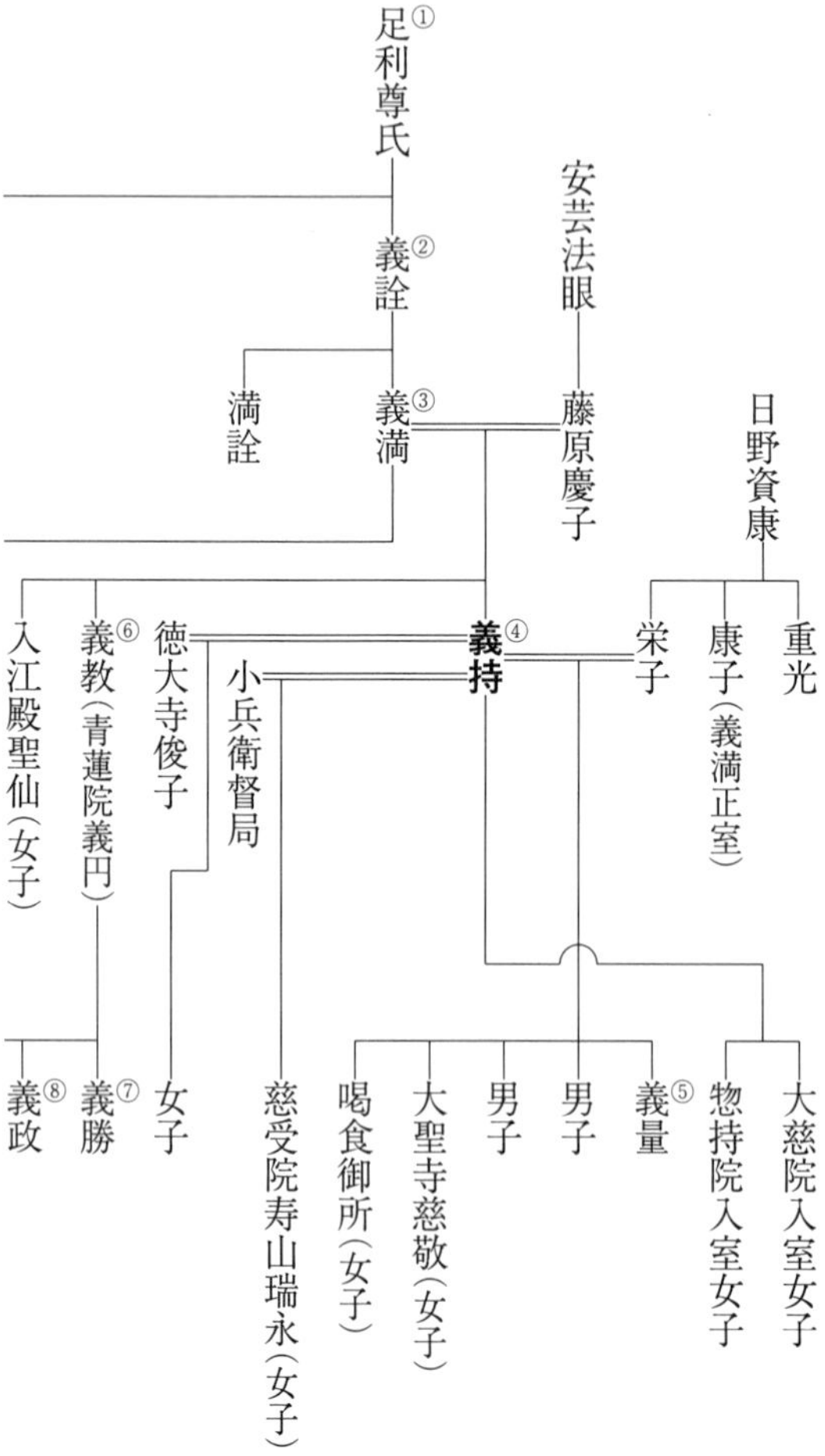

青蓮院尊満（生母加賀局）
義嗣（生母春日局）
御室法尊（生母不詳）
虎山永隆（生母池尻殿）
大覚寺義昭（生母不詳）
梶井義承（生母藤原誠子）
大慈院聖超（女子）
法華寺尊順（女子）

義視
政知

基氏（鎌倉公方）─氏満
満兼─持氏
満直（篠川公方）
満貞（稲村公方）
満隆

天皇家略系図（北・南は北朝・南朝の継承順）

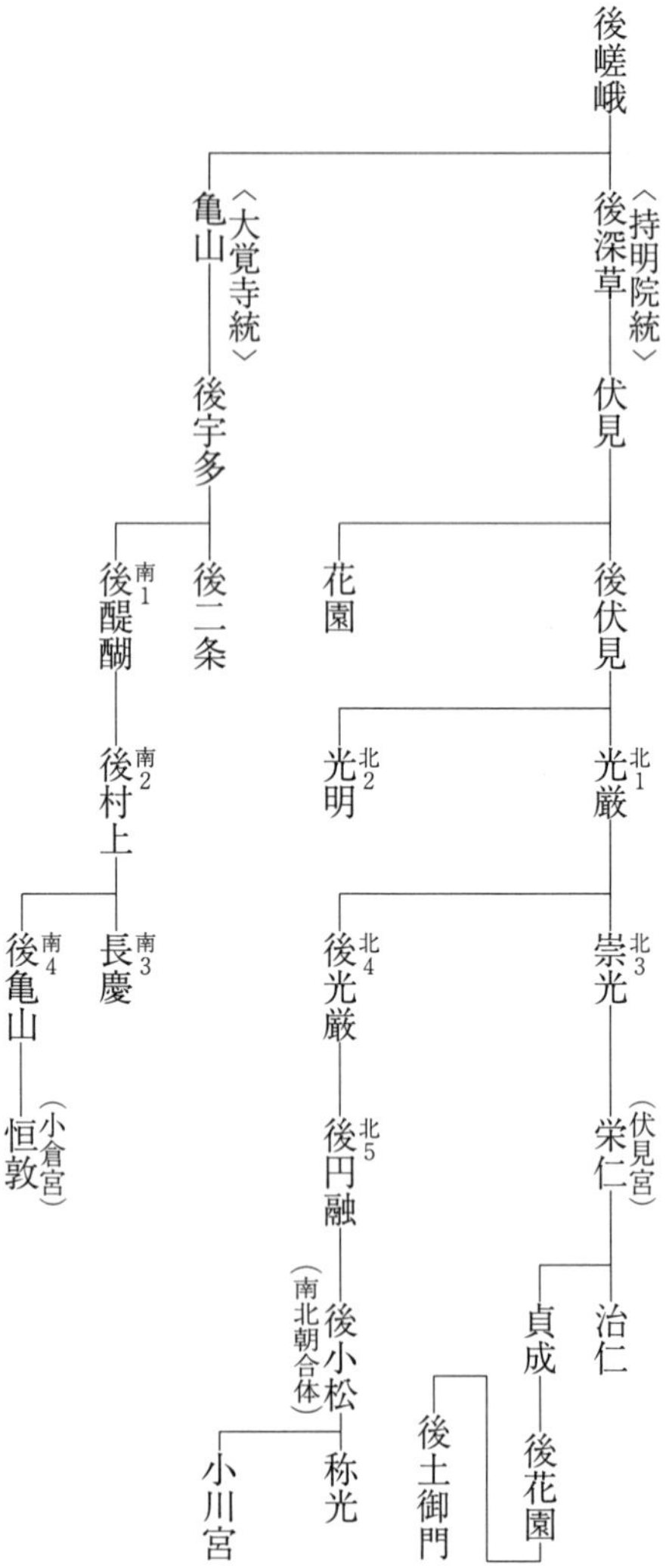

略年譜

年次	西暦	年齢	事績	参考事項
至徳 三	一三八六	一	二月一二日、義持誕生	
明徳 三	一三九二	七		閏一〇月二日、後亀山天皇京都に帰り、神器を後小松天皇に譲る
四	一三九三	八	六月一日、義持、室町南第に普賢延命法を修する○一〇月二一日、義持、初めて射鳥の儀を行なう○一一月二日義持矢開を行なう	
応永 元	一三九四	九	一二月一七日、義満、将軍を辞任、義持、元服し、正五位下に叙し、将軍に補任	一二月二五日、義満、太政大臣に任ず○この年、義嗣生まれる
二	一三九五	一〇	六月三日、義持、従四位下に叙任	六月二〇日、義満出家
三	一三九六	一一	四月二〇日、正四位下に叙任○一〇月一六日、義持、読書始	
四	一三九七	一二	正月五日、従三位○三月二九日、権中納言	
五	一三九八	一三	正月五日、義持、正三位に叙任○八月二二日、義満・義持、北野社に参籠	一二月二一日、大内義弘敗死（応永の乱）
六	一三九九	一四	五月八日、母藤原慶子死去○六月二三日、義持、法衣を中津（絶海）に受ける	

応永 七	一四〇〇	一五	正月五日、義持、従二位に叙す○一一日、義持、評定始に出席○一二月一九日、義持、判始	二月一七日、北山邸沙汰始
八	一四〇一	一六	三月二四日、義持を権大納言に任ずる	八月五日、義満、明の使僧を北山第に引見する
九	一四〇二	一七	正月二日、義持、管領畠山基国の邸にいたる○六日、正二位○一一月一九日、従一位	二月一九日、明使帰国、義満、国書を使者に持たせる
一〇	一四〇三	一八	正月一〇日、義持、管領畠山基国の邸にいたる○三月二八日、義持、石清水八幡宮に参詣する	
一一	一四〇四	一九	正月一八日、義持、東寺に不動護摩等の法を修す○六月六日、義持、馬を祇園社に寄進す	
一二	一四〇五	二〇	一二月二七日、義持、偏諱を日野町資藤の子に授ける	四月五日、絶海中津死去○七月一七日、義満室日野業子死去
一三	一四〇六	二一	三月二八日、義持、義満の譴責を蒙る○五月六日、義持の邸に放火あり○八月一七日、右大将を兼務	一二月二七日、義満室日野康子を准母となし、准三宮とする
一四	一四〇七	二二	七月一九日、右大将拝賀のため参内○二四日、義持の子義量生れる○一〇月一〇日、義持、参内する○二七日、義満・義持、参内する	三月五日、准母康子に北山院の院号宣下
一五	一四〇八	二三	五月六日、義満死去○九日、朝廷、義満に太上天皇の尊号を贈る、義持、これを辞する○八月一三日、義持、徐服○一六日、義持、義満百日法会を青蓮院に行う○九月二一日、義持、南禅寺をして、同寺領遠江初倉荘半済地を安堵せしむ○三〇日、	三月八日、後小松天皇、北山第に行幸○四月二五日、義嗣、内裏で元服○五月一〇日、義満を等持院に葬る○七月二二日、南蛮船、若狭小浜に着き、象等を献ずる○九月三〇日、

一六 一四〇九 二四

義持、丹波畑荘を細川満国に宛行う○一〇月五日、義持、御賀丸の東寺領大和弘福寺、および河原荘を競望するをとどむ○同日、義持、山城臨川寺領、ならびに三会院領の諸公事臨時課役を免除する○二〇日、義持、本郷持泰をして、若狭本郷を安堵せしむ○一一月三日、幕府「諸国關所」に関わる法令を発する○二五日足利義量兄弟、魚味の儀を行なう○一二月二〇日、義持、細川頼重をして、備中細川頼久知行關所分等を安堵せしむ○二六日、義持・義嗣、参内する

二月二三日、足利義持内大臣となる○五月二日、足利義満の一周忌、義持、北山邸に法華八講を行ない、その冥福に資す○六月七日、斯波義将を管領に還補○一五日、義持、石清水八幡宮に参詣する○一八日、義持、伊勢大神宮に参詣する○七月五日、義持、明使者に謁見○七月一八日、義持の三条坊門新邸立柱○八月三日、義持の三条坊門新邸上棟○一〇日、幕府、管領斯波義将をやめ、その孫義淳を補任する○九月一〇日、義持、島津元久を薩摩守護職に補す○一〇月二六日、義持、北山第より、三条坊門の新邸に移徙する○一一月一

興福寺別当隆俊をやめ、一条院良兼を補す

正月六日、若狭守護一色満範卒す○三月四日、二条満基を関白となす○二〇日、曼殊院良順を天台座主とする○二二日、権僧正満済を大僧正となす○六月一八日、斯波義将、義満の死と義持襲職を朝鮮に伝える○二九日、鎌倉府邸焼く○七月五日、明使者周全瑜来朝、義満の喪を弔す○二二日、鎌倉公方足利満兼死去○二三日、足利義嗣を権中納言に補任

			九日、義持・義嗣、石清水八幡宮に参籠し、舞楽を奏す○一二月三日、義持の子（義量）、魚味の儀を行なう○一一日、義持、義嗣、北野社に参籠する○二七日、義持、参内する○この年義持、書を朝鮮国王に贈り、征夷大将軍を襲職せしことを告げる	
応永一七	一四一〇	二五	二月二一日、義持、義嗣、北野社に参籠する○三月四日、後亀山上皇、義持の邸に御幸○四月一〇日、義持、高野山に詣でる○五月七日、前管領斯波義将死去○六月九日、幕府、管領斯波義淳をやめ、畠山満家をこれに補す○一一日、薩摩守護島津元久上洛し、義持に謁す○九月二四日、義持、紀伊大伝法院に、同寺領和泉信達荘同加納を安堵する○一〇月二三日、義持、酒麹役を中原師世に還付す○一一月二七日、後亀山上皇、吉野に潜幸○一二月二六日、義持、山城臨川寺領加賀大野荘の段米を免除、神人の狼藉を禁止○同日、義持、三宝院満済をして、同門跡領等を安堵する	正月五日、足利義嗣を正三位に叙任○六月二八日、幕府評定始○二九日、鎌倉府評定始○七月五日、幕府政所伊勢貞行死去○八月一五日、足利満隆謀反の噂あり○二八日、一条経嗣に内覧宣下○一〇月一一日、鎌倉府、鶴岡八幡宮沽却地を安堵する○一二月二二日、足利持氏元服し、左馬頭となる
一八	一四一一	二六	五月一五日、義持、鎌倉府をして、京極高光知行分の課役を催促するをとめしむ○八月四日、義持、飛驒富安郷半分を京極高光に宛行う○二一日、義	正月一六日、鎌倉府管領上杉憲定職を辞す○二月九日、鎌倉府、上杉氏憲を管領となす○二〇日、鎌倉府管

			持、細川持有を和泉半国守護となす○二三日、義持、近江守護六角満高をやめ、武蔵守青木持通を補す○一〇月九日、義持、園城寺をして、建武以来寄付の寺領を安堵せしむ○一一日、幕府、東寺領若狭太良荘の段銭をとどむ○一四日、義持、飛騨石浦郷地頭職等を京極高通に宛行う	領評定始○四月四日、貞成王（伏見宮）元服○七月二八日、幕府、飛騨国司姉小路尹綱を討つ○一〇月一一日、足利義嗣を権大納言に任ず○一一月二八日、躬仁元服
一九	一四一二	二七	四月一〇日、幕府、管領畠山満家をやめ、細川満元をこれに補す○八月一五日、義持、放生会上卿○二九日、躬仁親王即位、同日、義持、院執事となる○九月一七日、義持、伊勢大神宮に参詣す○一〇月一九日、義持、肥後託磨親家をして、その知行地を安堵せしむ○一二月一九日、義持、石清水八幡宮に参籠する	三月五日、鎌倉公方足利持氏、判始○六月二一日、南蛮使若狭にいたる○八月二九日、後小松天皇、躬仁親王に譲位○九月五日、後小松上皇、院政開始○一二月一八日、前関東管領上杉憲定死去
二〇	一四一三	二八	六月二三日、義持、石清水八幡宮に参詣す○七月一三日、義持祖母紀良子死去○八月一一日、足利義持に除服を宣下す○一〇月二二日、義持を淳和・奨学両院別当に補す○同日、義持、京極吉童子を出雲・隠岐・飛騨の守護職に補す○二三日、足利義持を源氏長者となす	三月一六日、日野重光死去○四月一八日、伊達持宗陸奥において、鎌倉府に叛旗○一二月二一日、伊達持宗の居城大仏城陥つ
二一	一四一四	二九	三月二九日、義持、南禅寺領の諸公事を免除○五月二四日、義持、安芸小早川持平をして、父則平	正月五日、足利義嗣を正二位叙任○四月一一日、小早川則平、所領を子

			相伝所領を安堵する○三〇日、義持、山城遍照院に寺領等の段銭等を免除す○六月八日、斯波義種、義持の怒に触れて高野山に逃れる○二三日、義持、石清水八幡宮に参籠する○八月一三日、義持、諸国人の油を運送するをとめ、かつ大山崎神人の諸役を免除す○一二月一九日、称光天皇即位式を行なう	持平に譲る○八月二〇日、足利持氏、佐竹左馬助跡地を鶴岡八幡宮に寄進
応永二二	一四一五	三〇	四月七日、幕府、一色・土岐・京極等をして、北畠満雅を撃たしむ○二〇日、「大名の中に荒説」起こる○一一月二一日、大嘗会○一二月五日、義持、信濃春近の地を小笠原長秀に還付す○二四日、義持、安芸吉川経見をして、同国所々の所領地頭職を安堵せしむ	この春、伊勢国司北畠満雅、兵を発して、木造氏等の城を攻める○四月二五日、関東管領上杉氏憲、持氏の怒りに触れて、出仕を止められる○五月二日、鎌倉府、上杉憲基を管領となす○七月二〇日、持氏と氏憲の対立の噂により、近国の兵、鎌倉に集まる○八月一六日、北畠満雅、幕府と和睦
二三	一四一六	三一	三月一四日、石清水八幡宮臨時祭延引、ついで、これを追行、義持、これに臨む○六月一日、義持、相国寺に臨み、寺僧の兵器を所持する者を捕らえて、遠流に処する○七月一日、仙洞御所焼く、火が内裏に及ばんとする、義持等、これを防ぐ○八	正月一一日、幕府評定始○三月六日、京都大火○六月一日、山城大雲寺境内を綸旨にて安堵○一四日、安芸吉川経見、所領を子経信に譲る○この月、三日病流行○八月一五日、石清水

年次	西暦	年齢	事蹟	参考事項
			月一八日、義持、伊勢大神宮に参詣○この月、足利義嗣、同満隆、上杉氏憲等、ひそかに謀反を謀る○九月一二日、義持、東大寺三蔵を開く○この月、広橋兼宣を吉野に遣わして、後亀山法王を迎える○一〇月二日、足利満隆・上杉氏憲等、鎌倉府を襲う○一〇日、足利持氏、駿河に至る○一三日、義持、平等院に参籠する、この日関東の戦報至り、諸将合議する○二九日、幕府、越後守護上杉・駿河守護今川に命じて、持氏をたすけしむ○三〇日、義嗣、ひそかに山城高尾に逃れ、出家する○一一月七日、持氏、幕府の援兵を促す○九日、義嗣を林光院に拘禁し、その党山科教高等四人を加賀に移し、殺す○一三日、義持、大友親著を豊後・筑後守護職に補す○一二月一一日、義持、旗を持氏に授ける	水八幡宮放生会、神人等の訴訟により、延引○九月三日、後小松天皇、伏見宮営仁親王に室町院領を安堵○一一月二〇日、伏見宮営仁親王死去○一二月一九日、佐竹義人、上杉氏憲と上野で戦い、これを破る○二五日、駿河守護今川範政、関東諸家の兵を催す
二四	一四一七	三	正月一〇日、足利満隆・上杉氏憲等敗れて鎌倉にて自害○一九日、鎌倉の報、幕府にいたる○三月五日、鎌倉府、使者を幕府に送り、支援の恩を謝す○五月一三日、義持、阿蘇惟郷に、大宮司職、神領を安堵○六月一九日、義持、富樫満成の邸に臨む○七月四日、義持、上杉憲基をして、上野・	正月一七日、足利持氏、鎌倉に帰還○二月六日、鎌倉府、武田信満等を討ち、信満自害する○四月二四日、持氏、常陸稲木城を攻める○閏五月一三日、鎌倉府、岩松持国を斬る○八月二二日、足利持氏、上杉憲基の

応永二五	一四一八	三	伊豆両国闕所分を安堵せしむ○八月一五日、義持石清水放生会で上卿を勤める○九月一八日、義持、大神宮に参詣する○一二月一日、足利義量、元服する○一三日、義量、義持にしたがい参内、また仙洞御所に参る○二七日、義持、武蔵南一揆の戦功を賞し、政所公事五か年分を免除する	被官人等の所領を安堵す
			正月二四日、幕府、足利義嗣を殺す○二月一三日、幕府、日野持光を加賀に殺し、ついで山科教高を殺す○五月一四日、叔父足利満詮が死去する○六月二日、洛中に諸大名の軍勢招集の噂あり○一三日、持氏、義量の元服を賀す使者を派遣○二五日、大津馬借ら嗷訴、義持、侍所をして、これを鎮圧せしむ○この月、幕府、世保康政の畠山満則、山名時熙等とともに、足利義嗣に党するにより、その子持頼の伊勢守護職を奪う○八月一〇日、陸奥南部守行、上洛して、金・馬を義持に贈る○一八日、斯波義教死去○二四日義持、大神宮に参詣○九月一日、内裏近く焼く、義持、内裏、仙洞を守護する○二二日、義持、大神宮に参詣する○二四日、富樫満成、義持の怒りに触れて、高野山に逃れる	正月四日、鎌倉府管領上杉憲基死去○三月三日、京都大火○四月二八日、足利持氏、武蔵南一揆等を討つ○五月一〇日、持氏、桃井宣義等を討つ○二八日、持氏、上総本一揆を攻める○一二月一日、九条満教を関白となす○この年、幕府、九州探題渋川満頼をやめ、その子義俊をこれに補す

二六	一四一九	三四	二月、この月、幕府、畠山満家をして、富樫満成を河内に殺さしむ○三月一四日、義持、小笠原政康に太刀・鎧を与える○六月二三日、義持、石清水八幡宮に参籠○八月六日、幕府へ「応永の外寇」についての注進状いたる○一五日、石清水八幡の放生会、義持、上卿○二九日、義持、内大臣をやめる○九月一八日、義持、大神宮に参詣○一〇月九日、義持、相国寺寺規を定める○一一月一一日、北山院日野康子死去○一二月一六日、義持、藤井嗣孝・八条公興を罪し、その所領を没収する	正月一九日、持氏、上総本一揆を攻める○三月三日、鎌倉府、上総坂水城を攻める○三月一四日、幕府、石清水神人の違乱を停止する○五月六日、上総本一揆、鎌倉府に降る○六月一八日、伏見宮貞成の子彦仁生まれる○六月二六日、朝鮮、対馬に来寇○七月二三日、明使節呂淵、兵庫に来る
二七	一四二〇	三五	正月一日、義持、嵯峨宝幢寺供養に臨む○二月一一日、義持、石清水八幡宮に参詣する○一六日、義持、朝鮮使節の宋希璟に謁見する○八月一日、義持、飢饉により、八朔礼物をとどむ○二二日、義持、石清水八幡宮に参籠○二九日、義持、病む○一〇月二三日、義持、広橋兼宣・烏丸豊光・日野有光等を屏居せしむ	五月五日、祈雨奉幣使を派遣する○八月一〇日、後小松天皇、山城泉涌寺と戒光寺との相論を裁許○九月二五日、後小松天皇、仁保村を貞成王に還付○一二月、この月、足利持氏を従三位に叙す○この年、大旱により、餓死する者多し
二八	一四二一	三六	正月一四日、義持夫妻、義量、伊勢貞経の邸に臨む○二六日、持氏、義持の病気平癒を賀す○二月二一日、義持、伊勢大神宮に参詣○三月一一日、義持、大神宮に参詣○二一日、義持、日吉社に参	正月二二日、幕府、五条河原で貧民に賑給する○五月一三日、諸社に奉幣して、飢饉疾病祈願する○六月、常陸額田義亮、持氏に叛する○七月

籠○四月九日義持、平等院に参籠する○五月一九日、義持、小川宮を勧修寺経興の邸に訪う○六月一四日、祇園御霊会、義持夫妻、義量、管領細川満元の邸にいたり、これを観る○二五日、義持、義量の大酒を戒め、近臣に誓書を命ずる○七月二九日、幕府管領細川満元やめる○八月一八日、幕府、畠山満家を管領となす○九月一四日、義持、広橋兼宣の所領を没収する○一七日、義持、大神宮に参詣○一〇月一六日、義持、参内「下姿」○二八日、義持、丹波井原荘を細川持春に宛行う○一二月一八日、義持、石清水八幡宮に参籠

一九日、京都大雨洪水○八月一八日後小松上皇、左馬領を洞院満季等に宛行う○九月二〇日、蔵人慈光寺持経、天皇の大酒を戒めて逐電する○一一月一二日、鎌倉円覚寺焼く○一二月七日、幕府、侍所別当一色義貫をやめ、京極高秀をそれに補す○この年、飢饉、疫病

応永二九　一四二二　三七

正月二九日、義持、広橋兼宣の出仕を許す○この月、義持、勧修寺経興を籠居せしむ○四月一日、仙洞御所に参り、猿楽を観る○二五日、義持、六字護摩を修し、天皇御不予を祈る○五月二一日、義持、土岐持益の邸に至り、また仙洞御所に参る○この月、義持、書を朝鮮に遣わし、大蔵経を求める○六月三日、天皇御不予により、満済をして愛染護摩を修し、後小松上皇、また祈る、義持も祈る○九月四日、義持、庭田重有と四条隆夏の相論を許裁し、丹波小河の内、三名方の地を隆夏に

二月八日、京都焼く○五月一六日、幕府、小早川則平と大友の争いをとどめる○六月一三日、足利持氏、常陸小栗満重を撃つ、○この月、鹿島社大宮司等、連署して、所領の還付を鎌倉府に訴える○七月一五日、南朝皇子小倉宮死去○二六日、幕府御成敗条々を定める○閏一〇月一三日、佐竹与義、鎌倉府に叛旗

渡す○一〇月二一日、義持夫妻、義量、大炊御門河原に勧進猿楽を観る○一二月七日、義持、権禰宜正吉の求めにより、伊勢高柳御厨を安堵○一五日、幕府、南禅寺の僧四八人を捕らえる

三〇　一四二三　兲

正月二九日、義持、日野有光、勧修寺経興を籠居せしむ○三月五日、後小松上皇、百首和歌を義持に賜う○一八日、義量、征夷大将軍に補任される○二七日、義持夫妻、大神宮に参詣○四月二五日、義持、出家○五月一八日、義持、日野有光、勧修寺経興の屏居を免ずる○この月、朝鮮、物および大蔵経を幕府に送る、義持、使者を宝幢寺に延見する○六月五日、義持、関東の処置を満済に諮る○七月一〇日、幕府結城光秀を下野守護職に補す○一三日、義持、諸寺社をして、足利持氏を呪詛せしむ○この月、義持、書を朝鮮に復し、大蔵経の板を求める○八月一一日、幕府、旗を駿河守護今川範政に授け、足利持氏を撃たしむ○九月一八日、義持、清水寺に参籠、諸将をして上杉房朝を撃たんとする、ついで事止む○二一日、義持、安芸小早川興平をして、所領を安堵せしむ○一一月一六日、義持、信濃春近内船山郷を小笠原政康に

二月一五日、宍戸満里、小栗満重と常陸坂戸に戦う○四月、この月、侍所別当に山名持豊を補す○五月二八日、足利持氏、常陸小栗満重を討つために鎌倉を発す○六月二五日、鎌倉府の兵、常陸小栗城を攻める○八月二日、小栗城おちる、小栗満重自害、また、持氏、宇都宮持綱等を討つ○九月一〇日、後小松上皇、室町殿に御幸○一一月二八日、和睦のための鎌倉府使者、京都に到着○一二月二三日、鎌倉公方足利持氏、下野小山持政に父の遺跡を安堵

			宛行う○二〇日、義持、大神宮に参詣する○一二月一二日、義持父子、参内、ついで仙洞御所に参る○二七日、義持、皇弟小川宮を勧修寺経興の邸に訪ねる	
応永三一	一四二四	三九	正月一日、義持、三条八幡宮に参詣○二日、義持夫妻、義量、畠山満家の邸に臨む○一三日、義持、皇弟小川宮に参賀す○二月五日、幕府、鎌倉府と和睦○七日、義持、鎌倉府使者勝西堂を相国寺鹿苑院に引見す○三月二一日、義持夫妻、大神宮に参詣○六月三日、義持、鎌倉使僧照(勝)西堂を室町邸に引見す○一四日、義量病む、義持、護持僧をして、祈らしむ○八月一日、義持、書を朝鮮に贈り、大蔵経の鏤板を求める○一八日、上皇、義持、二条持基と院中に連歌を行なう○九月二八日、義持、松本宗継をして、その所領を安堵せしむ○一一月一日、義持、義量を伴い、参院○義持、富樫満春の邸にいたる○二二日、上皇、出家しようとして、義持の諫止によりて、延引す○一二月一四日、義持、大神宮に参詣○二四日、義持、土岐光久をして、地頭職を安堵せしむ○二九日、義量、嵯峨香厳院に詣で、義持、伊勢貞経の邸に至る	正月六日、京都焼く○二月三日、足利持氏、誓書を義持に送る○二月五日、幕府と鎌倉府和睦する○三月八日、足利持氏、建長寺の諸公事を免除する○四月一二日、後亀山法皇死去○二六日、鎌倉府、結城朝常に常陸小佐都郷等を宛行う○六月一三日、足利持氏、陸奥依上保を結城朝常に宛行う○一四日、石清水八幡宮神人、幕府に嗷訴○二六日、幕府、石清水八幡宮に軍勢を派遣して警護○七月一三日、幕府、石清水神人の嗷訴により、社務田中坊融清をやめ、保清を補す○一〇月一四日、石清水神人重ねて嗷訴○一二月二〇日、足利満貞、鎌倉に帰る○二六日、九州探題渋川義俊をやめて、京都に召し返す

三二	一四二五	四〇	正月一三日、義持、小川宮を訪う○二七日、征夷大将軍足利義量死去○二九日、義量を等持院に葬る○三月三日、義持、満済をして、細川満元と鎌倉府および足利満直の事を議せしむ○四月三日、義持、近江今井美濃入道等の跡を京極持清に宛行う○六月二八日、称光天皇、後小松上皇と不和、退位しようとする、義持、これを止める○八月一四日、相国寺焼く、内裏、仙洞に及ばんとする、義持、参内、参院○二八日、義持、島津忠国を薩摩・大隅・日向の守護職に任ずる○九月二日、義持、島津忠国に太刀一振、鎧一領を与える○一〇日、上皇、義持の室町邸に御幸○一六日、義持、小早川盛景に安芸都宇・竹原荘地頭職等を安堵○一〇月七日、相国寺事始、義持これに臨む、また山名時熙の邸にいたる○一一月五日、地震、上皇・義持祈禱せしむ○九日、義持、上杉朝房邸にいたる○この月、足利持氏、義持の猶子たらんことを請う、義持、使僧に対面せず○一二月二五日、義持、出雲国造千家直国をして、その所領を安堵せしむ○二九日、義持、小笠原政康を信濃国守護職に補任する○同日、三宝院満済、義持に年中祈	二月一八日、皇太子小川宮、死去○四月一六日、伏見宮貞成を親王となす○五月、朝鮮、幕府に大蔵経板を贈ることをやむ○閏六月一一日、鎌倉府、山入祐義、佐竹義憲をそれぞれ常陸半国守護に補すことを幕府に求める○七月五日、伏見宮貞成親王出家する○一三日、菊池兼朝と少弐満貞の争いにより、大内盛見、京より九州に赴く○一六日、足利持氏、武田信長を甲斐に討つ○一〇月二八日、大内盛見、少弐満貞と戦い、これを破る○一二月二六日、鎌倉府、上野丹生郷を岩松満長に還付する

			禱の目録を進める	
応永三三	一四二六	四一	二月一六日、義持、赤松満祐邸にいたる○三月二七日、義持、大神宮に参詣○五月一二日、義持、細川満元の邸に至り、ついで、富樫満春の邸に臨む○六月一八日、地震、義持祈禱○二六日、義持、畠山満家を伊勢守護職に補す○七月一四日、義持、丹波綾部郷等を上杉憲実に返付す○二五日、義持、満済と上杉満朝との訴訟を和与せしむ○二九日、御不予により、義持参内、また諸寺をして祈らしむ○九月二〇日、義持、大神宮に参詣○一〇月八日、義持、細川満元の邸に臨む○一一月六日、義持、満済をして尾張国衙土貢を沙汰せしむ	正月一九日、興福寺衆徒、東大寺僧徒と戦い、東大寺尊勝院に放火す○四月二一日、備後山内熙通、所領を子馬子丸に譲与す○六月八日、近江坂本馬借等、京都に乱入、幕府京を守護する○二六日、持氏、武田信長を討つ、しかし勝利せず○一〇月一六日、前管領細川満元卒す
三四	一四二七	四二	二月一八日、義持、信濃小笠原政康を京都に召す○六月二〇日、義持、赤松満祐邸にいたる○八月九日、義持、細川持元邸にいたる○九月一八日、義持、大神宮に参詣○一〇月三日、義持、上久世荘公文職を舞田慶貞に還付する○二六日、義持、赤松満祐の所領を一族持貞に与え、満祐を討とうとする○一一月一〇日、義持、諸寺をして、戦の祈願せしむ○一三日、義持、赤松持貞を自害させる○一四日、義持、満祐討伐の旗を一色義貫に授	五月二三日大洪水、京都四条・五条の両橋落ちる○六月九日、加賀守護富樫満春死去○二七日、延暦寺の訴えにより、高倉永藤を流罪に処する○九月二一日、赤松義則死去○一一月一〇日、安芸小早川弘景、所領を子盛景に譲与する

			ける○二五日、赤松満祐、降を請う、義持、これを許す	
正長元	一四二八	四三	正月一日、義持、三条八幡に参詣○二日、義持、畠山満家邸にいたる○六日、義持、鹿苑院に詣でる○八日、義持、病む○一三日、義持、諸寺をして、病気平癒を祈らしむ○一六日、義持、室町邸、石清水八幡宮に修法し、病気平癒を祈る○一七日、石清水八幡宮神前において籤、青蓮院義円、次期将軍に決する○一八日、足利義持、死去	正月一一日、幕府評定始○一五日、幕府椀飯

参考文献

浅野長武「明成祖より足利義持に贈れる勅書に就いて」（『史学雑誌』二九―一）　一九一八年

家永遵嗣『室町幕府将軍権力の研究』　東京大学日本史研究室　一九九五年

石井進等編『日本思想体系　中世政治社会思想』上　岩波書店　一九七二年

石原比伊呂「准摂関家としての足利将軍家―義持と大嘗会との関わりから―」（『史学雑誌』一一五―二号）　二〇〇六年

伊藤喜良『日本中世の王権と権威』　思文閣出版　一九九三年

『中世国家と東国・奥羽』　校倉書房　一九九九年

「足利義持の家督継承」（『米沢史学』二三号）　二〇〇七年

伊藤磯十郎『田楽史の研究』　吉川弘文館　一九八六年

今谷明『室町幕府解体過程の研究』　岩波書店　一九八五年

『室町の王権―足利義満の王権簒奪計画―』　中央公論社　一九九〇年

『日本国王と土民』　集英社　一九九二年

『室町時代政治史論』　塙書房　二〇〇〇年

『籤引き将軍足利義教』　講談社　二〇〇三年

臼井信義『足利義満』(人物叢書) 吉川弘文館 一九六〇年
江田郁夫「足利義持の薨去と継嗣問題」(『国史学』五七) 一九五二年
江田郁夫「鎌倉府による奥羽支配について」(『国史談話会雑誌』二七) 一九八六年
江田郁夫「応永・永享期の宇都宮氏」(『歴史』七二) 一九八九年
榎原雅治「室町殿の徳政について」(『国立歴史民俗博物館研究報告』一三〇) 二〇〇六年
榎原雅治編『日本の時代史11 一揆の時代』 吉川弘文館 二〇〇三年
遠藤巖「応永初期の蝦夷反乱」(『北からの日本史』) 三省堂 一九八八年
小川信『細川頼之』(人物叢書) 吉川弘文館 一九七二年
小国浩寿『鎌倉府体制と東国』 吉川弘文館 二〇〇一年
小葉田淳『中世南島通行貿易史の研究』 刀江書院 一九六八年
表章・加藤周一『日本思想体系 世阿弥・禅竹』 岩波書店 一九七四年
表章・天野文雄『岩波講座能・狂言I 能楽の歴史』 岩波書店 一九八七年
学芸書林『京都の歴史』3 近世の胎動 一九六八年
笠松宏至「中世闕所地給与に関する一考察」(『中世の法と国家』所収) 東京大学出版会 一九六〇年
金井静香『中世公家領の研究』 思文閣出版 一九九九年
神奈川県『神奈川県史』通史編1 一九八一年

金沢弘『日本の美術』三三四〈水墨画―如拙・周文・宗湛〉 至文堂 一九九四年
金子拓『中世武家政権と政治秩序』 吉川弘文館 一九九八年
川岡勉『室町幕府と守護権力』 吉川弘文館 二〇〇二年
川添昭二『対外関係の史的展開』 文献出版 一九九六年
北川忠彦『世阿弥』 中央公論社 一九七二年
木藤才蔵『連歌史論考』上 明治書院 一九七一年
黒嶋敏「琉球王国と中世日本―その関係の変遷―」(『史学雑誌』一〇九―一一) 二〇〇〇年
黒田俊雄『日本中世の国家と宗教』 岩波書店 一九七五年
桑田忠親編『足利将軍列伝』 秋田書店 一九七五年
芸能史研究会『日本芸能史』3 法政大学出版局 一九八三年
高坂好『赤松円心・満祐』(人物叢書) 吉川弘文館 一九七〇年
小林清治・大石直正編『中世奥羽の世界』 東京大学出版会 一九七八年
小林保夫「室町幕府将軍専制化の契機について―足利義持期の二つの事件をめぐって―」(『中世公武権力の構造と展開』所収) 吉川弘文館 二〇〇一年
五味文彦他『中世文化の美と力』 中央公論新社 二〇〇二年
佐伯弘次「室町前期の日琉関係と外交文書」(『九州史学』一一一) 一九九四年
酒井紀美『夢語り・夢解きの中世』 朝日新聞社 二〇〇一年

佐久間重雄『日明関係史の研究』吉川弘文館 一九九二年
桜井英治『室町人の精神』講談社 二〇〇一年
『破産者たちの中世』山川出版社 二〇〇五年
佐藤進一「足利義教嗣立期の幕府政治」(『法政史学』二〇)一九六八年
『日本中世史論集』岩波書店 一九九〇年
『足利義満 中世王権への挑戦』平凡社 一九九四年
佐藤博信『中世東国の支配構造』思文閣出版 一九八九年
末柄豊「室町文化とその担い手たち」(『日本の時代史11 一揆の時代』吉川弘文館 二〇〇三年
清水克行『室町社会の騒擾と秩序』吉川弘文館 二〇〇四年
瀬田勝哉「「鬮取」についての覚書─室町政治社会思想史の一試み─」(『武蔵大学人文学会雑誌』四) 一九八二年
『洛中洛外の群像』平凡社 一九九四年
高岸輝『室町王権と絵画』京都大学出版会 二〇〇四年
「足利義満の造形イメージ戦略」(『ZEAMI』04)森話社 二〇〇七年
田中健夫『中世海外交渉史の研究』東京大学出版会 一九五九年
『中世対外関係史の研究』東京大学出版会 一九七五年

田中健夫編　『対外関係と文化交流』　思文閣出版　一九八二年
『倭寇』　教育社　一九八二年
『前近代の国際交流と外交文書』　吉川弘文館　一九九六年
『善隣国宝記・新訂続善隣国宝記』　集英社　一九九五年
田辺久子　『関東公方足利氏四代』　吉川弘文館　二〇〇二年
玉村竹二　「足利義持の禅宗信仰に就て」（『日本禅宗史論集下之二』所収）　思文閣出版　一九八一年
中世後期研究会　『室町・戦国期研究を読みなおす』　思文閣出版　二〇〇七年
辻善之助　『日本仏教史』第四巻　岩波書店　一九四九年
富田正弘　「室町殿と天皇」（『日本史研究』三一九）　一九八九年
「嘉吉の変以後の院宣・綸旨―公武融合政治下の政務と伝奏―」
（『中世古文書の世界』所収）　吉川弘文館　一九九一年
永原慶二他編　『南北朝内乱と室町幕府』上・下（『日本歴史大系』4〈普及版〉）　山川出版社　一九九六年
中村栄孝　『日鮮関係史の研究』上　吉川弘文館　一九六五年
能勢朝次　『能楽源流考』　岩波書店　一九三八年
福島県　『福島県史』通史編1　一九六九年

橋本雄　「室町・戦国期の将軍権力と外交権」（『歴史学研究』七〇八）　一九九八年
　　　　「室町幕府外交の成立と王権」（『歴史評論』五八三）　一九九八年
服部敏良　『室町安土桃山時代医学史の研究』　吉川弘文館　一九七一年
早島大祐　『首都の経済と室町幕府』　吉川弘文館　二〇〇六年
二木謙一　『中世武家儀礼の研究』　吉川弘文館　一九八五年
細川武稔　「足利将軍家護持僧と祈禱」（『日本歴史』六六四）　二〇〇三年
本郷和人　『満済准后日記』と室町幕府」（『日記に中世を読む』）　吉川弘文館　一九九八年
松岡心平　「室町の芸能」（『岩波講座日本通史』第9巻　中世3）　岩波書店　一九九四年
松岡心平他編　『ZEAMI』04　森話社　二〇〇七年
松本一夫　『東国守護の歴史的特質』　岩田書院　二〇〇一年
水野智之　「室町将軍による公家衆の家門安堵―南北朝～室町期を中心に―」
　　　　（『史学雑誌』一〇七―一〇）　一九九七年
　　　　『室町時代公武関係の研究』　吉川弘文館　二〇〇五年
峰岸純夫　『中世の東国　地域と権力』　東京大学出版会　一九八九年
村井章介　『アジアのなかの中世日本』　校倉書房　一九八八年
　　　　『東アジア往環』　朝日新聞社　一九九五年
　　　　『分裂する王権と社会』　中央公論新社　二〇〇三年

村井章介校注『老松堂日本行録』　岩波書店　一九八七年
村井康彦『日本文化小史』　角川書店　一九七九年
村尾元忠「足利義持の神仏依存傾向」（『中世日本の諸相』下巻所収）　吉川弘文館　一九八九年
室山孝「近習富樫満成考」（『加納史料研究』一三）　二〇〇一年
森茂暁『闇の歴史、後南朝』　角川書店　一九九七年
『満済』　ミネルヴァ書房　二〇〇四年
山田邦明『中世日本の政治と文化』　思文閣出版　二〇〇六年
『鎌倉府と関東―中世の政治秩序と在地社会―』　校倉書房　一九九五年
山田雄司「足利義持の伊勢参宮」（『皇學館大学神道研究所紀要』二〇）　二〇〇四年
山家浩樹「上総守護宇都宮氏―満済と義持―」（『日本歴史』四九〇）　一九八九年
「室町時代の政治秩序」（『日本史講座』第四巻）　東京大学出版会　二〇〇四年
湯之上隆「足利氏の女性と比丘尼御所」（『日本中世の政治権力と仏教』）　思文閣出版　二〇〇一年
横井清『看聞御記―「王者」と「衆庶」のはざまにて―』　そしえて　一九七九年
脇田晴子『日本中世商業発達史の研究』　御茶の水書房　一九六九年
『天皇と中世文化』　吉川弘文館　二〇〇三年

渡辺世祐『室町時代史』　早稲田大学出版部　一九一五年
『関東中心足利時代之研究』　雄山閣出版　一九二六年
（再刊、新人物往来社　一九七一年）
『室町時代史』　創元社　一九四八年

著者略歴

一九四四年生まれ
一九七四年東北大学大学院文学研究科博士課程修了、博士（文学）
現在　福島大学名誉教授

主要著書

南北朝の動乱　日本中世の王権と権威　中世王権の成立　中世国家と東国・奥羽

人物叢書　新装版

足利義持

二〇〇八年（平成二十）六月二十日　第一版第一刷発行
二〇二〇年（令和　二）一月　十　日　第一版第二刷発行

著　者　伊藤喜良《いとうきよし》
編集者　日本歴史学会
代表者　藤田　覚
発行者　吉川道郎
発行所　株式会社　吉川弘文館
東京都文京区本郷七丁目二番八号
郵便番号一一三—〇〇三三
電話〇三—三八一三—九一五一〈代表〉
振替口座〇〇一〇〇—五—二四四
http://www.yoshikawa-k.co.jp/
印刷＝株式会社 平文社
製本＝ナショナル製本協同組合

ISBN978-4-642-05246-7

『人物叢書』(新装版)刊行のことば

人物叢書は、個人が埋没された歴史書が盛行した時代に、「歴史を動かすものは人間である。個人の伝記が明らかにされないで、歴史の叙述は完全であり得ない」という信念のもとに、専門学者に執筆を依頼し、日本歴史学会が編集し、吉川弘文館が刊行した一大伝記集である。

幸いに読書界の支持を得て、百冊刊行の折には菊池寛賞を授けられる栄誉に浴した。

しかし発行以来すでに四半世紀を経過し、長期品切れ本が増加し、読書界の要望にそい得ない状態にもなったので、この際既刊本の体裁を一新して再編成し、定期的に配本できるような方策をとることにした。既刊本は一八四冊であるが、まだ未刊である重要人物の伝記についても鋭意刊行を進める方針であり、その体裁も新形式をとることとした。

こうして刊行当初の精神に思いを致し、人物叢書を蘇らせようとするのが、今回の企図である。大方のご支援を得ることができれば幸せである。

昭和六十年五月

日本歴史学会

代表者　坂本太郎

藤原定家　村山修一著
北条泰時　上横手雅敬著
道元　竹内道雄著
北条重時　森幸夫著
親鸞　赤松俊秀著
北条時頼　高橋慎一朗著
日蓮　大野達之助著
阿仏尼　田渕句美子著
北条時宗　川添昭二著
一遍　大橋俊雄著
叡尊・忍性　和島芳男著
京極為兼　井上宗雄著
金沢貞顕　永井晋著
菊池氏三代　杉本尚雄著
新田義貞　峰岸純夫著
花園天皇　岩橋小弥太著
赤松円心・満祐　高坂好著
卜部兼好　冨倉徳次郎著
覚如　重松明久著
足利直冬　瀬野精一郎著
佐々木導誉　森茂暁著
二条良基　小川剛生著
細川頼之　小川信著
足利義満　臼井信義著
今川了俊　川添昭二著
足利義持　伊藤喜良著
世阿弥　今泉淑夫著
上杉憲実　田辺久子著
山名宗全　川岡勉著
経覚　酒井紀美著
一条兼良　永島福太郎著
亀泉集証　今泉淑夫著
蓮如　笠原一男著
宗祇　奥田勲著
万里集九　中川徳之助著
三条西実隆　芳賀幸四郎著
大内義隆　福尾猛市郎著
ザヴィエル　吉田小五郎著
三好長慶　長江正一著
今川義元　有光友學著
武田信玄　奥野高広著
朝倉義景　水藤真著
浅井氏三代　宮島敬一著
織田信長　池上裕子著
明智光秀　高柳光寿著
大友宗麟　外山幹夫著
千利休　芳賀幸四郎著
松井友閑　竹本千鶴著
豊臣秀次　藤田恒春著
ルイス・フロイス　五野井隆史著
足利義昭　奥野高広著
前田利家　岩沢愿彦著
長宗我部元親　山本大著
安国寺恵瓊　河合正治著
石田三成　今井林太郎著
真田昌幸　柴辻俊六著
最上義光　伊藤清郎著
前田利長　見瀬和雄著
高山右近　海老沢有道著
島井宗室　田中健夫著
淀君　桑田忠親著
片桐且元　曽根勇二著
徳川家康　藤井譲治著
藤原惺窩　太田青丘著
支倉常長　五野井隆史著
伊達政宗　小林清治著
天草時貞　岡田章雄著
立花宗茂　中野等著
宮本武蔵　大倉隆二著
小堀遠州　森蘊著
徳川家光　藤井譲治著
由比正雪　進士慶幹著
佐倉惣五郎　児玉幸多著
林羅山　堀勇雄著
松平信綱　大野瑞男著
国姓爺　石原道博著
野中兼山　横川末吉著
保科正之　小池進著

隠元　平久保章著
徳川和子　久保貴子著
酒井忠清　福田千鶴著
朱舜水　石原道博著
池田光政　谷口澄夫著
山鹿素行　堀勇雄著
井原西鶴　森銑三著
松尾芭蕉　阿部喜三男著
三井高利　中田易直著
河村瑞賢　古田良一著
徳川光圀　鈴木暎一著
契沖　久松潜一著
市川団十郎　西山松之助著
伊藤仁斎　石田一良著
徳川綱吉　塚本学著
貝原益軒　井上忠著
前田綱紀　若林喜三郎著
近松門左衛門　河竹繁俊著
鴻池善右衛門　宮本又次著
新井白石　宮崎道生著
石田梅岩　柴田実著
太宰春台　武部善人著
徳川吉宗　辻達也著
大岡忠相　大石学著
賀茂真淵　三枝康高著
平賀源内　城福勇著

与謝蕪村　田中善信著
三浦梅園　田口正治著
毛利重就　小川國治著
本居宣長　城福勇著
山村才助　鮎沢信太郎著
木内石亭　斎藤忠著
小石元俊　山本四郎著
山東京伝　小池藤五郎著
杉田玄白　片桐一男著
塙保己一　太田善麿著
上杉鷹山　横山昭男著
大田南畝　浜田義一郎著
只野真葛　関民子著
小林一茶　小林計一郎著
大黒屋光太夫　亀井高孝著
松平定信　高澤憲治著
菅江真澄　菊池勇夫著
島津重豪　芳即正著
狩谷棭斎　梅谷文夫著
最上徳内　島谷良吉著
渡辺崋山　佐藤昌介著
柳亭種彦　伊狩章著
香川景樹　兼清正徳著
平田篤胤　田原嗣郎著
間宮林蔵　洞富雄著
滝沢馬琴　麻生磯次著

調所広郷　芳即正著
橘守部　鈴木暎一著
黒住宗忠　原敬吾著
水野忠邦　北島正元著
帆足万里　帆足図南次著
江川坦庵　仲田正之著
藤田東湖　鈴木暎一著
二宮尊徳　大藤修著
広瀬淡窓　井上義巳著
大原幽学　中井信彦著
島津斉彬　芳即正著
月照　友松圓諦著
橋本左内　山口宗之著
井伊直弼　吉田常吉著
吉田東洋　平尾道雄著
緒方洪庵　梅溪昇著
佐久間象山　大平喜間多著
真木和泉　山口宗之著
高島秋帆　有馬成甫著
シーボルト　板沢武雄著
高杉晋作　梅溪昇著
川路聖謨　川田貞夫著
横井小楠　圭室諦成著
小松帯刀　高村直助著
山内容堂　平尾道雄著
江藤新平　杉谷昭著

和宮　武部敏夫著
西郷隆盛　田中惣五郎著
ハリス　坂田精一著
森有礼　犬塚孝明著
松平春嶽　川端太平著
中村敬宇　高橋昌郎著
河竹黙阿弥　河竹繁俊著
寺島宗則　犬塚孝明著
樋口一葉　塩田良平著
ジョセフ＝ヒコ　近盛晴嘉著
勝海舟　石井孝著
臥雲辰致　村瀬正章著
黒田清隆　井黒弥太郎著
伊藤圭介　杉本勲著
福沢諭吉　会田倉吉著
星亨　中村菊男著
中江兆民　飛鳥井雅道著
西村茂樹　高橋昌郎著
正岡子規　久保田正文著
清沢満之　吉田久一著
滝廉太郎　小長久子著
副島種臣　安岡昭男著
田口卯吉　田口親著
福地桜痴　柳田泉著
陸羯南　有山輝雄著
児島惟謙　田畑忍著
荒井郁之助　原田朗著
幸徳秋水　西尾陽太郎著
ヘボン　高谷道男著
石川啄木　岩城之徳著
乃木希典　松下芳男著
岡倉天心　斎藤隆三著
桂太郎　宇野俊一著
徳川慶喜　家近良樹著
加藤弘之　田畑忍著
山路愛山　坂本多加雄著
伊沢修二　上沼八郎著
秋山真之　田中宏巳著
前島密　山口修著
成瀬仁蔵　中嶌邦著
前田正名　祖田修著
大隈重信　中村尚美著
山県有朋　藤村道生著
大井憲太郎　平野義太郎著
河野広中　長井純市著
富岡鉄斎　小高根太郎著
大正天皇　古川隆久著
津田梅子　山崎孝子著
豊田佐吉　楫西光速著
渋沢栄一　土屋喬雄著
有馬四郎助　三吉明著
武藤山治　入交好脩著
坪内逍遥　大村弘毅著
山室軍平　三吉明著
阪谷芳郎　西尾林太郎著
南方熊楠　笠井清著
山本五十六　田中宏巳著
中野正剛　猪俣敬太郎著
三宅雪嶺　中野目徹著
近衛文麿　古川隆久著
河上肇　住谷悦治著
牧野伸顕　茶谷誠一著
御木本幸吉　大林日出雄著
尾崎行雄　伊佐秀雄著
緒方竹虎　栗田直樹著
石橋湛山　姜克實著
八木秀次　沢井実著

▽以下続刊